「河野談話」「村山談話」を斬る！

日本を転落させた歴史認識

大川隆法

RYUHO OKAWA

本霊言は、2013年7月17日（写真上・下）、幸福の科学総合本部にて、
質問者との対話形式で公開収録された。

まえがき

「国は一人で興《お》き、一人で滅《ほろ》びる。」とも言う。後に自民党総裁・副総理兼外相もつとめた河野洋平《こうのようへい》官房長官の一九九三年の「河野談話」。そして、一九九五年の、社会党委員長にして連立内閣の総理ともなった村山富市氏の「村山談話」。この両談話が侵略主義の現在の中華人民共和国をバック・アップし、歴史認識と従軍慰安婦問題（記念碑《ひ》問題）で韓国が日本政府を揺さぶる材料になっている。アメリカ合衆国内に従軍慰安婦像を建立しようとしている韓国系グループに、幸福実現党の外務局長が抗議したところ、「証拠はないが、事実と認めたのは日本政府なんでね。」と言い返されたとのこと。本書では河野・村山両氏の守護霊を呼んで本心を訊《き》いてみた。河野氏は比較的正直に答えているが、村山氏は守護霊までオトボケのようである。

七月十八日の東京新聞朝刊の六面には、「『談話見直し』に強い危機感」「村山氏が安倍首相批判」「選挙応援で熱弁」の記事が出ている。一方、河野氏は、「歴史認識に関する問題には最後まで触れずじまいだった」と書かれている。本書で両氏の人間性と人生観を再チェック願いたい。

二〇一三年　七月十八日

幸福《こうふく》の科学《かがく》グループ創始者兼総裁《そうししゃけんそうさい》　大川隆法《おおかわりゅうほう》

「河野談話」「村山談話」を斬る！　目次

第1章　河野洋平守護霊《こうのようへいしゅごれい》への喚問《かんもん》

二〇一三年七月十七日　収録
東京都・幸福の科学総合本部にて

4　「河野談話」の責任を問う　127

第2章　村山富市《むらやまとみいち》守護霊への喚問

二〇一三年七月十七日　収録
東京都・幸福の科学総合本部にて

「霊言現象《れいげん》」とは、あの世の霊存在の言葉を語り下ろす現象のことをいう。これは高度な悟《さと》りを開いた者に特有のものであり、「霊媒現象《れいばい》」（トランス状態になって意識を失い、霊が一方的にしゃべる現象）とは異なる。外国人霊の霊言の場合には、霊言現象を行う者の言語中枢《ちゅうすう》から、必要な言葉を選び出し、日本語で語ることも可能である。

また、人間の魂《たましい》は原則として六人のグループからなり、あの世に残っている「魂の兄弟」の一人が守護霊《しゅごれい》を務めている。つまり、守護霊は、実は自分自身の魂の一部である。したがって、「守護霊の霊言」とは、いわば本人の潜在《せんざい》意識にアクセスしたものであり、その内容は、その人が潜在意識で考えていること（本心）と考えてよい。

なお、「霊言」は、あくまでも霊人の意見であり、幸福の科学グループとしての見解と矛盾《むじゅん》する内容を含《ふく》む場合がある点、付記しておきたい。

第1章

河野洋平守護霊《こうのようへいしゅごれい》への喚問《かんもん》

二〇一三年七月十七日　収録
東京都・幸福の科学総合本部にて

河野洋平《こうのようへい》（一九三七〜）

元衆議院議長。神奈川《かながわ》県生まれ。父は自民党の重鎮《じゅうちん》で農相等を務めた河野一郎《いちろう》。早稲田《わせだ》大学政治経済学部経済学科卒。一九九三年、宮澤《みやざわ》内閣の官房長官《かんぼうちょうかん》として、従軍慰安婦《じゅうぐんいあんふ》の存在を認める談話（河野談話）を発表した。その後、自民党総裁として村山《むらやま》内閣の副総理 兼《けん》 外務大臣に就任、「村山談話」にもかかわった。

質問者　※質問順

小林早賢《こばやしそうけん》（幸福の科学広報・危機管理担当副理事長）

綾織次郎《あやおりじろう》（幸福の科学上級理事 兼「ザ・リバティ」編集長）

［役職は収録時点のもの］

1　中国・韓国《かんこく》との関係でネックとなる「歴史認識」

「河野《こうの》談話」「村山《むらやま》談話」を踏襲《とうしゅう》してしまった安倍《あべ》政権

大川隆法　今回の参院選の投票日（七月二十一日）まで、あと四日ほどになった段階なので、今日の収録は、選挙そのものには、それほど影響《えいきょう》を与《あた》えるとは思えませんが、選挙後の政治には何らかの影響を与えるのではないでしょうか。

選挙後、おそらく、安倍《あべ》さんを中心とした内閣が最初にぶつかる難問は、中国や韓《かん》国《こく》との関係改善問題だろうと思います。今は外交上のデッドロック（行き詰《づ》まり）に陥《おちい》っていますが、これをどうするかが問題です。

これに関して、向こうは歴史認識を必ず出してくるはずです。

安倍さんは、首相就任直後には、「河野《こうの》談話」や「村山《むらやま》談話」に替《か》わる「安倍談話」、もしくは、首相の談話より格の下がる、官房長官《かんぼうちょうかん》の菅《すが》さんの談話か何かで、新しい歴史認識を出そうとしていたのですが、外国やマスコミ、野党などからの攻撃《こうげき》が激しいため、異論があったにもかかわらず、とうとう、「『河野談話』『村山談話』を踏襲《とうしゅう》する」というかたちで逃《に》げ切りました。

ただ、今回の選挙結果にもよりますが、安倍さんが、もし憲法改正に踏《ふ》み込《こ》もうとするのでしたら、もう一回、この問題は必ず出てくるはずです。

なぜなら、中国や韓国から見た〝正しい歴史認識〟を、日本が踏襲しているのであれば、「憲法九条の改正」「国防軍の創設」などはありえないからです。

特に、最近は、マスコミが原発反対運動をまた盛り上げていますし、憲法改正反対運動も盛り上がっているので、けっこう厳しい状態だと思います。

参院選の投票日が近づいてきて、「自民党の圧勝だろう」と言われつつあるにもかかわらず、自民党は、憲法改正や原発再稼働《かどう》、TPPなどについては、もう、ほとんど言わなくなり、経済をよくする話だけを言っているような状況《じょうきょう》です。

おそらく自民党は公明党と連立を組み続けるでしょうが、歴史認識に関しては、「憲法九条の改正を行うかどうか」「集団的自衛権を認めるかどうか」等も含《ふく》めて、けっこう公明党がごねるであろうと推定されるので、この内閣にとって最初の危機が訪《おとず》れる可能性があるのです。

そのとき、経済的に順調ではない状況が出てくることがあれば、それほど簡単な政権運営にならないことはありえます。

特に、「憲法改正」と「原発」を中心に、マスコミが、連日、報道し始めたあたりから、左派勢力が盛り返してきたことを強く感じています。

そういう意味で、当会は、社民党や共産党、左翼《さよく》マスコミ等への批判も行ってはいるわけですが（『そして誰《だれ》もいなくなった――公開霊言 社民党 福島瑞穂《ふくしまみずほ》党首へのレクイエム――』『共産主義批判の常識――日本共産党 志位《しい》委員長守護霊に直撃インタビュー――』『「中日新聞」偏向《へんこう》報道の霊的《れいてき》原因を探《さぐ》る』〔いずれも幸福の科学出版刊〕参照）、世の中は正反対の方向に動いているので、それほど簡単には行かないのではないかと思われます。

当会のような考え方を排除《はいじょ》する方向に、流れが来ていると思うので、やはり、錦《にしき》の御旗《みはた》というか、「大義は、どこにあるか」ということを確かめる必要があります。

また、外国から言われるだけではなく、日本のなかからも、歴史認識について検証する考えを、出さなくてはいけないのではないでしょうか。

河野氏と村山氏は、日本にとって貧乏神《びんぼうがみ》か疫病神《やくびょうがみ》

大川隆法　河野洋平《ようへい》さんと村山富市《とみいち》さんは、まだ生きておられ、「中央公論」の最新号（二〇一三年八月号）では、元気に、「『談話』の精神を殺すな」という座談会を行っています。現在、河野さんは七十六歳《さい》、村山さんは八十九歳です。お二人とも、ご長命で頑張《がんば》っておられ、〝牽制球《けんせいきゅう》〟として、「軍国主義化反対」「憲法改正反対」的な意見を述べておられるのです。

今の二十代の方には分かりにくいかと思いますが、「河野談話」が出たのは一九九三年で、もう二十年も前です。当時、河野さんは宮澤《みやざわ》内閣の官房長官でした。河野さんは、その談話のなかで、「いろいろと調べた結果、従軍《じゅうぐん》慰安婦《いあんふ》のようなものが数多くいた」ということを述べました。

この時期は、「リクルート事件」で自民党がかなりガタガタになってきており、さ

らに、バブル崩壊《ほうかい》後の経済クラッシュも起きていて、「自民党政権を壊《こわ》す」ということが、マスコミの使命のようになっていたころです。

そのあと、自民党は、いったん野党になるのですが、政権に返り咲《ざ》くため、「自社さ連立政権」という奇策《きさく》を用いました。「自民党と社会党、新党さきがけで連立を組もう」と考え、なんと、社会党の村山富市委員長を首相に担《かつ》ぎ上げたのです。社会党のトップを上に飾《かざ》り、河野洋平自民党総裁は副総理 兼《けん》 外務大臣として入閣しました。

そのときのアメリカはクリントン政権でしたが、「日本は社会主義の国になったのか」と言って驚《おどろ》いていました。そのへんについての言い訳も「中央公論」には書いてありますが、本人たちは二人とも「いい仕事をした」と思っているようです。

ただ、そのころ、私は、日本が貧乏神《びんぼうがみ》か疫病神《やくびょうがみ》に取り憑《つ》かれたように感じていました。「おそらくは、そういうたぐいのものではないか」と推定しています。

ちなみに、当時、月刊「ザ・リバティ」は、村山さんの過去世《かこぜ》を、「新羅《しらぎ》の漁師の網元《あみもと》」とし、それを皮肉ったイラストも載《の》せたのですが、当会の会員から、「日本の首相の過去世が漁師の網元とは、いくら何でも、ひどすぎはしませんか」という声が少し出ました。

その後、私は、オバマさんが大統領になる前、「彼が大統領になったら、アメリカは大変だろう」というようなことを言ったのですが、それを聞いた、当会のアメリカ在住の会員が、「まだ大統領になってもいないのに、ひどいのではないですか」と言ってきたことがありました。

それと同じように、村山さんについても、「いくら社会党委員長とはいえ、第二党の党首まで来て総理になった人の場合、過去世が庶民《しょみん》ということはないのではないですか」という声は少しあったのです。

また、河野さんは、何の罪によるのかは知りませんが、自民党総裁ながら、首相にはなれず、衆議院議長で終わりました。

現在は両氏とも政界を引退しています。

最近、鳩山由紀夫《はとやまゆきお》さんが、香港《ホンコン》のテレビ局の取材を受け、「尖閣《せんかく》は日本が中国から取ったものだから、返してもよい」というようなことを言い、批判されましたが、河野・村山両氏の発言には、それと似たような流れを感じます。

そのため、私の思いは非常に複雑なのです。政治のほうに、やや宗教的な、優《やさ》しい感じの波動が出ていて、「宗教は要《い》らない」というか、政治のほうが宗教になっているようなかたちで諸問題に取り組んでくれているのですが、なぜか結果が悪くなっていくように思われます。

キリスト教や仏教の、滅《ほろ》びていくほうの流れを政治が引いている反面、やや宗教の影《かげ》が薄《うす》くなっていくようなものを感じています。

河野氏と村山氏の守護霊《しゅごれい》を呼び、「談話」の背景を探《さぐ》る

大川隆法　各談話については読み上げませんが、今日の内容を収める本には載せておいたほうがよいでしょう（巻末の〔資料〕参照）。

まず、河野さんが、官房長官の立場で、従軍慰安婦について、「調査の結果、長期に、かつ広範《こうはん》な地域にわたって慰安所が設置され、数多くの慰安婦が存在したことが認められた」と述べ、「同じ過《あやま》ちを決して繰《く》り返さないという固い決意を改めて表明する」と述べています。

その二年後に、村山さんが、従軍慰安婦など個別具体的なことには言及《げんきゅう》していないものの、「わが国は、遠くない過去の一時期、国策を誤り、戦争への道を歩んで国民を存亡《そんぼう》の危機に陥《おとしい》れ、植民地支配と侵略《しんりゃく》によって、多くの国々、とりわけアジア諸国の人々に対して多大の損害と苦痛を与えました」と述べ、総括《そうかつ》的な反省を行う旨《むね》を書いてあります。

この歴史的な順序どおりに、河野さんの守護霊《しゅごれい》と村山さんの守護霊をお呼びして、本心を探《さぐ》ってみようと思います。

二人の霊言《れいげん》を収録することになるのですが、書籍《しょせき》化の際、本が二冊にならないよう、何とか一冊にまとめたいと思います。

うまく捕《つか》まえられるでしょうか。それとも、「うなぎ」のような感じで逃げられてしまうでしょうか。

（質問者たちに）自信はありますか。

小林　今日は、「喚問《かんもん》」というご趣旨《しゅし》なので、「逃げ延びることを許さず」ということでいくつもりです。

「河野談話」が従軍慰安婦像建立《じゅうぐんいあんふ　こんりゅう》の根拠《こんきょ》にされている

大川隆法　ここを乗り越《こ》えないかぎり、このあと安倍さんがやろうとしていることは、全部、潰《つぶ》れます。最初から暗礁《あんしょう》に乗り上げるはずです。

新たな談話を出せなかったのは、思想的に戦えるものがないからでしょう。

まあ、当会は嫌《いや》な役目ばかりする羽目《はめ》になるようですね。

従軍慰安婦《じゅうぐんいあんふ》問題も、別に、取り上げたかったわけではないのですが、当会のほかには、やれるところがないので、やっています（『従軍慰安婦問題と南京大虐殺《ナンキンだいぎゃくさつ》は本当か？』〔幸福の科学出版刊〕、『神に誓《ちか》って「従軍慰安婦」は実在したか』〔幸福実現党刊〕参照）。韓国と仲が悪くなりたくはないのですが、韓国がそれを日本攻撃の材料に使っているので、批判したのです。

幸福実現党の及川《おいかわ》外務局長は、今回の参院選で、神奈川《かながわ》選挙区に立候補していますが、彼の政見放送によると、韓国側は、従軍慰安婦について、「日本政府が認めたのだから、証拠《しょうこ》など要らない」と言っているようです。アメリカ国内に従軍慰安婦像を建立《こんりゅう》しようとしている韓国系グループに対して、彼が抗議《こうぎ》したら、そのような言い方をされたのだそうです。

したがって、やはり、日本の側から、これを正さなければいけないでしょう。

幸福実現党は、国会での議席を、なかなか得られない状況ですが、ここまでは安倍政権の〝ドリル〟の役を務めてきているように感じられます。地下鉄を掘《ほ》るためのドリルとして、モグラの役をさせられているようにも感じるので、「実に損な役割だな」と思いますが、「いずれ揺《ゆ》り戻《もど》しが来て、歴史は、正当に、公平に、成果を判定してくれるものだ」と信じたいと思います。

あまりいい感じではないというか、多少、悔《くや》しい思いがないわけではないのですが、ほかに、やれる人がいないので、やりたいと思います。

「信じるか、信じないか」は別にして、考え方は、やはり出さなければならないと思いますし、十分に信じる人がいることはいるので、今回の霊言は、新しい談話を出すなり、外交方針を出すなりして戦う際の、一つの論拠《ろんきょ》、材料にはなると思います。

「日本にも気概《きがい》のある人がいて、反論をするのだ」と知ってもらったほうがよいでしょう。

今回の収録には「日本の運命」が懸《か》かっている

大川隆法　今日も、霊言を行う私の立場は、あまりよいものではありません。私の考えとは違《ちが》うことを言わなくてはならない羽目になるので、本当に嫌《いや》なのです。

しかし、一国の首相ないしは官房長官の談話、および国の運命が懸《か》かった内容であり、言葉一つで運命を誤ることもあるので、慎重《しんちょう》を期したいと思います。

河野さんと村山さんは、それほど強い信念がある人たちではないので、守護霊たちも、話をしているうちに、ボロボロと崩《くず》れてくるかもしれません。

（質問者たちに）では、よろしくお願いします。

今回の収録には「日本の運命」が懸かっていると思います。これが頓挫《とんざ》し、この〝ドリル〟で穴が開《あ》かなかったら、安倍政権は憲法改正等を進められないで終わるでしょう。そのあと何もやれない可能性が高いと思うのです。

だから、相変わらず、外国の批判に負けていく感じになるかもしれません。

最近、当会は、歴史認識に関して、戦争中から戦後の七十年間を、ずっと検証していますが、今回の収録も、その流れのなかで行いたいと思います。

幸福実現党の精神は「吉田松陰《よしだしょういん》精神」のようなものかもしれません。そのような感じです。ここまで来たら、もう、やるしかないでしょう。言うべきことは言って、「そのあと、どうなるか」は天に任せるのです。

とにかく、今の日本が、あまり神仏《しんぶつ》を信じない国になっている以上、神仏を信じる者の意見は異端《いたん》に見え、神仏を信じる者は〝思想犯〟に見えるようです。

逆に、神仏を信じる、宗教心溢《あふ》れる国であれば、今回の内容は、「これは大変なことだ」ということで、ニュースになるようなものであるわけですが、今の日本のマスコミ界においては、河野洋平さんや村山富市さんの守護霊霊言、および、彼らの守護霊たちの「談話」に関する意見が、ニュースになることはないでしょう。

ただ、これは歴史的には大きな問題ですし、今日の内容が、韓国や中国の開き直りに対する一喝《いっかつ》になる可能性はあると思います。

2 「河野談話」の背景を探《さぐ》る

元自民党総裁、河野洋平氏の守護霊を招霊《しょうれい》する

大川隆法　それでは始めます。

（合掌《がっしょう》し、瞑目《めいもく》する）

元自民党総裁にして、自民党の宮澤《みやざわ》内閣の官房長官《かんぼうちょうかん》だった河野洋平氏、「河野談話」を出されました河野洋平氏の守護霊を、幸福の科学総合本部にお呼びいたしまして、「河野談話」の真意と河野氏の本心、歴史認識、「河野氏は、どういうことを、お考えになっておられるのか」等について、さまざまな角度から、お答えいただきたいと思います。

これは、日本の運命のみならず、中国、韓国《かんこく》、北朝鮮《きたちょうせん》、アメリカを含《ふく》む、さまざまな国と、アジアの諸国民にも影響《えいきょう》のある内容になると思います。

河野洋平氏の守護霊、流れ入《い》る、流れ入る、流れ入る。

河野洋平氏の守護霊、流れ入る、流れ入る、流れ入る。

河野洋平氏の守護霊、流れ入る、流れ入る、流れ入る、流れ入る。

（約十秒間の沈黙《ちんもく》）

「いい仕事をした」と考えている河野守護霊

小林　こんにちは。

河野洋平守護霊　うーん。ん？　うん。

小林　河野洋平元官房長官の守護霊でいらっしゃいますね。

河野洋平守護霊　いや、（政界を）引退したんだけども。

小林　引退されていますが、「因果《いんが》の理法《りほう》」といいまして、過去に行《おこな》ったことには、すべて現在に責任が伴《ともな》っております。今日は、そのことについて、少しお話をお聴《き》きしたいと思いまして、幸福の科学の総合本部にお越《こ》しいただきました。ありがとうございます。

河野洋平守護霊　いや、もう、今さら、そんなことを言われる筋合いはないんじゃないかな。

小林　いえいえ。

河野洋平守護霊　いい仕事をして、引退し、勲章《くんしょう》をもらったんだからね。それでいいんじゃない？

小林　では、ご自身としては、「いい仕事をした」と？

河野洋平守護霊　そりゃあ、そうでしょうな。

小林　河野さんは、一九九三年に、いわゆる「河野談話」を発表なさいましたが、一九九五年の「村山談話」のときにも、副総理兼《けん》外務大臣として、事実上、その作成にかなり深くかかわられたのでしょうか。

河野洋平守護霊　それはそうだな。うんうん。

小林　実は、両方とも、今、日本外交の最大のボトルネックになっています。

河野洋平守護霊　そういう言い方はないんじゃないか。そんなことはない。功績があった。

私のようにやっていれば、うまくいっていたのに、安倍《あべ》さんは、勉強が足りないので、争乱を起こそうとしているように見えるな。

小林　そういう認識でいらっしゃることが、今のご発言で分かりましたので、今日は、その部分に関して、検証といいますか、もっと踏《ふ》み込《こ》んで……。

河野洋平守護霊　安倍さん、勲章をもらえないだろう？　勲章をもらえないよ。

小林　仏言《ぶつごん》（仏陀《ぶっだ》の言葉）で頂いておりますので、あえて申し上げますと、今日、私どもは、「喚問《かんもん》」という趣旨《しゅし》で、質問をさせていただければと……。

河野洋平守護霊　それはないでしょう。それはないでしょう。国の重要人物、貴賓《きひん》ですよ。賓客《ひんきゃく》ですよ。

小林　いえいえ。

綾織　ＰＲをしてくださってもよいかと思います。

河野洋平守護霊　うん？

綾織「いい仕事をした」ということであれば……。

河野洋平守護霊　うん。いい仕事をしましたよ。

綾織　それをお話しいただいて、記録に遺《のこ》していただければと思います。

河野洋平守護霊　私は、中韓との緊張緩和《きんちょうかんわ》をして、友好を拡大した。経済も拡大して、よくなったんですよ。

河野氏は日本を「栄光ある国家」に変えた？

小林　「私たちと河野さんと、どちらが是《ぜ》であるか」ということを、公平な目で読者に判定していただける機会を、今日、これから設《もう》けさせていただければと思います。

河野洋平守護霊　もう、引退したのに、なぜ、そんなことを言われないといかんのかなあ。

小林　いえいえ、因果の理法は、天国でも地獄《じごく》でも、宇宙の彼方《かなた》でも、ずっとついて回りますので、「それからは逃《のが》れられないものだ」と思って、今日、短い時間ではございますが……。

河野洋平守護霊　（机上《きじょう》の資料を見て）これ、何よ。「『河野談話』『村山談話』を斬《き》る！　―日本を転落させた歴史認識―」と書いてある。違《ちが》うじゃないか。日本を「栄光ある国家」に変えたんじゃないか。

小林　「いったい、どこに栄光があるのか」ということを、今から検証させていただきたいと思います。

河野洋平守護霊　君らの宗教のほうがおかしいんだよ。

従軍慰安婦《じゅうぐんいあんふ》の存在認定は、河野氏の「推測」によるもの

小林　よろしいでしょうか。時間も限られておりますので……。

まず、一点目。お名前を冠《かん》しておられる、一九九三年の、いわゆる「河野談話」に関して、質問させていただきたいと思います。

その後《ご》、数々の学者の方々の、鋭意《えいい》ある努力により、実は……。

河野洋平守護霊　君、よくしゃべるなあ、本当に。本当、君、よくしゃべる。

小林　いえいえ。すぐ、発言していただく機会を設けます。

河野洋平守護霊　最後まで君一人でしゃべったら？

小林　いえいえ。「いわゆる従軍《じゅうぐん》慰安婦《いあんふ》なるものは存在しなかった」ということは、今、学問的に、ほぼ立証された段階に来ております。

河野洋平守護霊　立証されていないよ。「（私は）慰安婦だった」って言う人がいるんだから。

小林　それは「自称《じしょう》」ですね。

それに加えて、幸福の科学の霊査《れいさ》で、「従軍慰安婦だった」と称している、ご本人たちの守護霊を呼び出したら、「あれは、でっち上げで、韓国政府のプロパガンダである。われわれは〝外交官〟で、嘘《うそ》を言っているのだ」ということを、はっきりと言っていたのです（前掲《ぜんけい》『神に誓《ちか》って「従軍慰安婦」は実在したか』参照）。

河野洋平守護霊　霊査なんて、今、国会では議論にならないんだよ、そんなもの。

小林　それの正当性と妥当《だとう》性について、これから検証させていただきたいのです。

河野洋平守護霊　いやあ、（私に）信仰心《しんこうしん》がないわけじゃないけど、政治の世界では、そんなもの（霊査）は通じないいんだよ。

小林　一九九三年当時の話に入りますが、石原《いしはら》官房副長官をはじめ、あなた以外の当時の政府関係者は、「調べたけれども、実は、いわゆる従軍慰安婦なるものの存在を示す証拠《しょうこ》は一切《いっさい》なかった」と、はっきり公式に発言しているのです。

また、証拠は一切なく、「強制性があった」とは言えなかったにもかかわらず、「全体として『強制性があった』と自分が感じたので、談話を出すことにした」ということを、あなたも述べているのです。

なぜ、証拠がないのに、そのような判断をなされたのでしょうか。

それについて、最初にお伺《うかが》いしたいと思います。

河野洋平守護霊　まず、「先の戦争を、是とするか、非とするか」という判断から始まるけど、日本の侵略《しんりゃく》的な行為《こうい》が目立っていたことは明らかだね。ということは、それによって虐《しいた》げられた人たちがいるわけだ。

特に、朝鮮半島の人たちは、もはや自主的な判断権がない状態であるから、日本のなかよりも、はるかに悪い状況《じょうきょう》であり、「その人たちに対して強制力が働いた」というのは、まあ、推測するに、「そうだろう」とは思うよ。

綾織　推測なんですね。

河野洋平守護霊　そらあ、しょうがないでしょう。昔のことは分からないよ。でも、「現に、そういう人（従軍慰安婦）がいる」という話ではあるし、「そういう慰安所が軍隊にはあったらしい」ということぐらいは分かっているからね。

「とにかく謝《あやま》っておけば済む」という無責任さ

小林　冒頭《ぼうとう》から、けっこう重大な発言をしていただいて、ある意味では、ありがたいのですが、要するに、「河野談話」は、単なる推測に基《もと》づいて発表されたわけですね。

河野洋平守護霊　とにかく謝《あやま》っておかないと、やつらは、もう、怒《おこ》って怒って……。

綾織　とにかく謝っておく？

小林　「とにかく謝罪《しゃざい》ありき」で出したわけですね。

河野洋平守護霊　まあ、それは日本文化だから、しょうがないじゃないの。

小林　「日本文化だから、しょうがない」と？

河野洋平守護霊　謝っておけば、向こうは引っ込む。唐辛子《とうがらし》を食って怒《おこ》っているような連中ばっかりだから、しょうがないんだよ。

綾織　いやいや、日本人であれば、引っ込むかもしれませんが……。

河野洋平守護霊　日本人は、それで済む。

綾織　韓国人は、なかなか引っ込まないですよね。

河野洋平守護霊　まあ、しつこいからねえ。「恨《ハン》の文化」で、恨《うら》みが止まらんから、謝ってやるしかないじゃないの。

「ノーベル平和賞が出るかも」と期待した？

綾織　少し確認したいのですが、結局、「『強制連行された』という事実は一切見つからなかった」というのは間違いないわけですよね。それで、「強制があった」という推測をしたと。

河野洋平守護霊　だけど、日本国の支配下にあったわけだから、命令には一切背《そむ》けない。軍部が国を動かしていたわけだから、軍隊の命令一下《いっか》、動いているものについては、全部、「強制性はある」と言えばあるわけだよな。

小林　あなたが「そう思った」というだけで、そこに、すり替《か》えと嘘があると私は感じますので、事実関係を周囲から固めていくという意味で、二点ほど確認をさせていただきます。

当時、あなたは、「実は証拠《しょうこ》がありませんでした」という部下からの報告を、単純に、「ああ、そうか」と受け止めて、受け身の消極的対応をされたわけではないんですよ。

河野洋平守護霊　うーん……。

小林　記録によりますと、部下から「証拠がありません」という報告があったとき、それに対して、あなたは、「『強制的に連れていけ』というような『命令書』などあるわけがないだろう。だから、そもそも証拠なるものはあるはずがない。私が、管理の過程全体を見て、『自由行動に制限があった』という印象を持ったのだから、それで談話を出せ」と述べられました。そのように、積極的な関与《かんよ》をされたことが記録に遺っているんですよ。

河野洋平守護霊　うーん、まあまあ……。

小林　単に受け身だったのではなく、明確にあなたの「意図」が働いていたことに関してコメントを頂きたいのです。

河野洋平守護霊　うーん、まあ、そりゃ、宮澤さんも考え方が同じ方向だったからねえ。

小林　宮澤さんの意図が働いていたとしても、あなたの名前で出した談話です。「宮澤談話」ではなく「河野談話」として、あなたの責任において発表したことに関しては、どう思っていますか。

河野洋平守護霊　いいことじゃない？　「これはノーベル平和賞が出るかもしれない」と思ったよ。「本当にノーベル平和賞が出るかもしれない」と思ったぐらいの重要な判断だった。

小林　（苦笑）

河野洋平守護霊　大胆《だいたん》な、重要な判断だとは……。

小林　大胆な創作によって捏造《ねつぞう》されたわけですね。

河野洋平守護霊　だから、下が言うことは分かっている。官僚《かんりょう》はみんな、ずーっと保身が働いて、自分たちに損が出ないように隠《かく》して罪を認めないけど、それを破るのが政治家の仕事じゃないか。

発表当時、マスコミや専門家を驚《おどろ》かせた「河野談話」の文言《もんごん》

小林　そうおっしゃるなら、もう一点、申し上げます。

河野洋平守護霊　うーん。

小林　「河野談話」をきちんと読まれた国民の方は少ないと思うので、ポイントだけを少し挙げておきますが、例えば、このように述べています。「強圧による等、本人たちの意思に反して集められた事例が数多くあり」と。

河野洋平守護霊　うーん。

小林　この文章は全部、捏造です。そして、「更《さら》に、官憲（警察）等が直接これに加担したこともあったことが明らかになった」とあるのですが、この文言《もんごん》をいきなり見せられて、マスコミの人も含《ふく》め、日本中の関係者、専門家が驚《おどろ》いたわけですよ。

それで、これを発表したときの記者会見では、その点に関して質問が集中したわけですが、河野さんは、「一つだけ、白馬《しろうま》事件という事例がある」と答えました。しかし、これは、インドネシアのオランダ人への話なんですよ。

河野洋平守護霊　ああ……。

小林　朝鮮は全然関係がないんです。朝鮮半島に関しては、日本の警察等が関与した事例は一つも見つからなくて、全然関係のない、オランダ人への事例が一つあっただけであるにもかかわらず、韓国の件で、「警察が強制加担した」というように、あなたが文言をまとめたので、「なんだ？　この捏造は！」と、みんな、びっくりしたんですよ。そのことに関して、どう弁明されますか。

河野洋平守護霊　うーん、いやあ、それはねえ、君らも教科書で勉強したと思うけども、朝鮮半島から日本の炭鉱に強制労働で来ていた人がたくさんいたよね。まあ、それと似たようなものなんだよ。

小林　いや。それを軽々しくご発言いただきたくないのです。それも、事実に反しているることは、ほぼ立証されています。

河野洋平守護霊　うーん？

小林　今日はあまり時間がないので、その問題には入りませんが、それは嘘です。

河野洋平守護霊　うーん……。

小林　それで、どうなのですか。

河野洋平守護霊　強制労働ってことになっているじゃない？

小林　いや、実は嘘です。当時、韓国から自らの意志で来られて、それによってかなりの収入を得ていたのです。例えば、「北海道の炭鉱で働いていた人が、毎週末、すすきの（札幌《さっぽろ》の歓楽街《かんらくがい》）に行って派手に遊んでいた」という記録まで遺っています。

河野洋平守護霊　それはおかしい。

小林　そういうことは、学問的に調べれば、すぐ分かることなんですよ。

河野洋平守護霊　うん、それはおかしい。

小林　そういう話でごまかさずに、今、私が申し上げた質問にお答えいただけますか。

河野洋平守護霊　ん？　国を取ってしまったんだから、強制そのものじゃないか。それはしょうがないじゃない。

綾織　それは、あまりにも大ざっぱですよ。

河野洋平守護霊　それは、それは……。

綾織　事実関係について訊《き》いているのですから。

河野洋平守護霊　私には大局観があるから、政治で……。

小林　いや。そういうのは大局観ではなく、「ごまかし」と言うんです。

河野洋平守護霊　ごまかしじゃない。とにかく謝ることが日本外交なんだから。「補償《ほしょう》をするために謝《あやま》る材料が欲《ほ》しかった」というのが真相

小林　私が訊いているのは、あなた自身が、記者会見で、「朝鮮に関しては、日本の

官憲等が加担した事例は一切なかった」ということを認めたことについてです。

河野洋平守護霊　いやあねえ、まあ……。

小林　認めたにもかかわらず、こういう文言を書いたことに関して、どう弁明されるのか、それを訊いているのです。

河野洋平守護霊　だから、「補償《ほしょう》をしたかった」というのが先にあるんだよ。

綾織　補償をしたかった？　お金を払《はら》いたかった？

河野洋平守護霊　日本は、戦後、発展しすぎて、儲《もう》けすぎた。あのころは、ちょうど、バブル崩壊《ほうかい》が始まったころだろう？　バブル潰《つぶ》しが始まったころだけど、中国や韓国は、まだはるかに後《おく》れていたよな。

だから、かわいそうじゃないか。戦争で、中国は、日本にあれほど荒《あ》らされたし、韓国の人も、「日本軍人」として軍隊に徴用《ちょうよう》されて人殺しをたくさんさせられた。これではかわいそうだから、何とか賠償《ばいしょう》金を払いたかったけど、払うには材料が必要だから、何でもいいから謝《あやま》る材料が欲《ほ》しかったのよ。そうしたら、金を出せるじゃない?

「一九六五年の日韓基本条約で全部終わった」と言っているけど、あれは、韓国がまだ、(主権国家として)それだけの意識が十分にないときに、無理やり結んだようなものだからね。その後の日本が発展しすぎたから、ちょっとお返しをしなきゃいけないと、もう一回、戦後の補償をしたくなったのよ。

そっちが先だ。原因はそれで、理由はあとから来たのよ。

小林　見事に証言していただいて、ありがとうございます。

「河野談話」の背景には韓国《かんこく》政府との密約があった？

小林　そのことに関して、ズバリ核心《かくしん》部分についてお訊きします。当時、あなたが談話を出される直前ぐらいに、朝日新聞が、「韓国《かんこく》政府と河野官房長官との間に密約があったのではないか」という報道をしています。

河野洋平守護霊　へえ？　あ、そう。

小林　どういう密約かというと、今、まさに、あなたがおっしゃったことそのものです。

河野洋平守護霊　うーん。

小林　つまり、「韓国政府のほうから、『本当は、日本に対して賠償請求《せいきゅう》をしたいのだけれども、お金の請求を取り下げる代わりに、強制性があったことを認めてほしい』と要求された」というものです。

河野洋平守護霊　うーん……。

小林　要するに、「『日本が強制性を認めてくれたら、自分たちが韓国国内でお金を払う口実ができる。実際に日本に賠償を要求することはしないから、それを呑《の》んでくれ』と、韓国政府に頼《たの》まれてバーター取引をしたのではないか」というのです。そういうことを当時の朝日新聞が報道しています。

河野洋平守護霊　俺《おれ》は、「こちらが強制性を認めたら、向こうが賠償責任を追及《ついきゅう》しない」なんて、そんなことを単純に信じるほどバカじゃないよ。

小林　いやいや。

河野洋平守護霊　強制性を認めたら、金を払わなきゃいけなくなるだろうと思うよ。

小林　いや、だから「密約」だと言うんですよ。

河野洋平守護霊　うーん……。

小林　表で議論すれば、お金を払わなくてはいけなくなってしまうので……。

河野洋平守護霊　うん。当然だよな。

小林　そうなると、韓国政府としては、実益が取れなくなるので、「日本に強制性だけを認めさせる」という裏取引をあなたに持ちかけたのではないかと、当時、追及されていましたよね。

それを裏付ける証拠としては、当時の韓国の金泳三《キムヨンサム》大統領も同じことを言い出しましたし、読売新聞も、「急に、『強制性さえ認めればいい』という姿勢が強硬《きょうこう》になったので、日本政府は困っている」ということを報道していました。

そのことに関して、今、あなたご自身から説明していただいたわけですが、はっきり申し上げますけれども、今日のこの場は、いわば〝神様の前のお白洲《しらす》〟なので、正直な事実関係を教えていただきたいのです。

左翼《さよく》マスコミとの間にあった「事実上の密約」

河野洋平守護霊　いや、だからねえ、歴史的に、僕《ぼく》が世界を見ていないと思うんだったら大間違いだよ。

ソ連邦《れんぽう》が崩壊して、日本の左翼《さよく》は震《ふる》え上がったのよ。ねえ？　「このままだと、自分ら左翼マスコミにも倒産《とうさん》の危機が来る」ということで、「日本に左翼体質を残すためには、とにかく日本を悪い国にしなきゃいけない」という合意が内部的にあった。こちらが密約だよ。むしろ日本のなかで密約があったのであって、「日本がとにかく謝罪することによって、右傾化《うけいか》を防ぐことができる」ということだ。

綾織　あなたのそういうお考えというのは、自分で自主的に「そうしよう」と思ったものなのですか。

河野洋平守護霊　そうなんだよ。もう愛の心なのよ。君たちが言っている〝与《あた》える愛〟そのものなんだよ（注。幸福の科学の教えを援用《えんよう》して皮肉ったものと思われる）。

綾織　今は韓国との問題になっているわけですが、中国等からも働きかけがあったのですか。

河野洋平守護霊　いや。韓国や中国が、二十年前の当時、今ぐらい発展していたら、こんなことは言わなかったけども、あの当時は、ずーっと後れていましたからね、まだまだ。

小林　ということは、つまり、日本の一部の大手マスコミと、事実上の密約があったわけですか。

河野洋平守護霊　ソ連崩壊のあと、彼らが恐怖《きょうふ》したのは間違いないんだから。

小林　うんうん。だから、「そういう環境《かんきょう》をつくってほしい」という密約があったのですね？　まあ、新聞社の名前は挙げませんけれども。

河野洋平守護霊　うーん。

小林　ただ、「従軍慰安婦問題」を徹底《てってい》的にリードして捏造した新聞がどこかというのは、知っている人は知っていますので、私がここで名前を挙げなくても分かるはずです。

要するに、そういうところと、あるいは、事実上、韓国政府もあるかもしれないけれども、そことあなたとの間に、そういう密約というか、取引があったわけですね。

河野洋平守護霊　だから、その新聞らはだなあ、中国や韓国に頭を下げとりゃ、とにかく機嫌《きげん》がいいのよ。「そうしたら政権を支える」ということだったし、自民党は本当に危ない時期だったからね。実際、そのあと転落しているしね。宮澤政権が転落して、野党のほうは、とにかく、もう、力が強くなって……。

「宮澤《みやざわ》政権」と「左翼《さよく》言論人」が生き残るための裏取引

小林　では、ズバリ訊きます。朝日新聞から頼まれたんですね。当時、宮澤《みやざわ》政権が朝日新聞から猛烈《もうれつ》な攻撃《こうげき》を受けていたから。

河野洋平守護霊　ええ？　まあ、朝日だけじゃなくて、左翼《さよく》の言論人たちは全部、生き残りがかかっていたからね。朝日・岩波系の左翼言論人たちは、九十年代に入って、ゴルバチョフ改革でソ連が潰れたあと、全滅《ぜんめつ》するかどうか、生き残りがかかっていた。要するに、「今まで自分らの言ってきたことが、全部間違っていた」というのを戦後に遡《さかのぼ》って認めるわけにはいかんからさ。

小林　ええ。

河野洋平守護霊　何とかして、日本を悪い国にしなきゃいけなかったわけよ。

小林　そこで、宮澤政権の生き残りのために、「従軍慰安婦問題」で、そういう左翼系のマスコミと取引をしたと。

河野洋平守護霊　ああ。だから、応援してくれるなら、われわれは、まだ政権を担当できるし、韓国のほうだって金をもらえるし、両方、いいことばかりじゃない。両得じゃん。

小林　内々《ないない》で、そういう合意があったわけですね。

河野洋平守護霊　日本は金が余っていて、バブル潰しでわざわざ財産を減らしたぐらいだからね。

小林　うん。

河野洋平守護霊　だから、外国に〝血〟を分けてやってもいいぐらい、財産はあった。

小林　あなたがおっしゃったことは、「韓国はともかくとして、そういう合意が、そもそも日本の国内であった」ということですね。

河野洋平守護霊　うん。国内の圧力は、やっぱり強いよなあ。国内政治はな、うーん。

「河野談話」はファシズム国家にするための〝新たな証拠《しょうこ》〟

小林　その国内の圧力に屈《くっ》し、それにおもねるかたちで、「従軍慰安婦問題」を〝人身御供《ひとみごくう》〟として差し出したと？

河野洋平守護霊　だから、「ドイツ、イタリア、日本の三国同盟があって、防共協定をやっていたのは間違いだった」ということにしなきゃいけないの。戦後のファシズム史観を維持《いじ》するためには、日本はどうしてもファシズムでなければいけないわけで、そのための証拠《しょうこ》が何か要《い》るわけだよ。

小林　〝新たな証拠〟をつくるためにやったわけですね。

河野洋平守護霊　そうそうそう。

小林　ああ。

河野洋平守護霊　「日本はファシズム体制の一環だった。ドイツやイタリアと変わらない国だったんだ」ということに決めなきゃいけないので。

小林　なるほど。分かりました。

河野洋平守護霊　アメリカも、これに対しては反対しないので……。

小林　そんなことは、最初から分かっています。
要するに、「証拠は全然なかったけれども、戦後の自虐《じぎゃく》史観が薄《うす》れかけてきたので……」。

河野洋平守護霊　そうそう。

小林　「それを維持するために、『従軍慰安婦問題』で〝新たな証拠〟をつくり出した」ということですね？　今、あなたがおっしゃったことは。

河野洋平守護霊　まあ、丸山《まるやま》（眞男《まさお》）先生みたいな偉大《いだい》な先生が失脚《しっきゃく》してしまうような世の中はよくないから、やっぱり、その正しさを、もう一回、取り戻《もど》さなきゃいけない。

「日本はファシズム国家だった」ということを、もう一回、確認し、「勝って兜《かぶと》の緒《お》を締《し》めよう」と言ってね。成功したからこそ反省ができるわけだね。

綾織　河野談話で、「ファシズム国家である」という証拠を一つつくり出したわけですね。

河野洋平守護霊　まあ、認めたよ。こういうことをするのはファシズムで、要するに、

「ナチスのユダヤ人迫害《はくがい》と同じことをした」ということが何かないと、ファシズム国家にならないじゃないの。

「村山談話」を出すことも持ちかけていた河野洋平氏

綾織　もう一つ、その後、九五年に「村山談話」が出ましたが、そのときに、あなたは村山さんから事前に相談を受けたと思うんですよ。

河野洋平守護霊　うんうん。

綾織　当時、あなたは自民党の総裁ですし、外務大臣として外交も仕切っていらっしゃいました。

河野洋平守護霊　いや、村山さんは何も考えていなかったよ。だいたい、政策は全部自民党がやっていたから。

綾織　はいはい。

河野洋平守護霊　（村山さんは）乗っているだけだったから。

綾織　ちょっと待ってください。

河野洋平守護霊　ん？

綾織　それでは、あなたのほうから、「こういう談話を出したらどうですか」と言ったのですか。

河野洋平守護霊　まあ、「社会党政権の独自色を出すためには、こういうふうにしたほうがマスコミ受けしますよ」ということを……。

綾織　おお。

小林　確か、村山さんは、〝神輿《みこし》〟発言というか……。

河野洋平守護霊　うんうん。自分ではあまり考えていない人だったからねえ。「こういうふうに出したほうが、『社会党政権』ということで、マスコミがバーッと持ち上げるから、いいですよ」とは言ったけど。

綾織　ということは、「河野談話」「村山談話」の二連発で、「日本は悪である」という歴史を確定しようとしたわけですね。

河野洋平守護霊　うん。でも、それから二十年近くたっているわけで、その間に大勢の人が加わって政治をやってきて、こうなったんだろうから、全部私たちの責任じゃないだろう。

綾織　いやいや、そんなことはないと思います。

河野洋平守護霊　そのときは、「とりあえず、その場をしのぐ」ということが大事だったんだからさ。

綾織　いや、あなたが積極的にかかわっているわけですから。

小林　要するに、事実上、「河野談話」と「村山談話」を仕掛《しか》けたのは、あなたなのですね。

「二つの談話」は自民党が生き延びるための大義名分？

河野洋平守護霊　とにかく、「自民党政治の終わり」ということが、その当時のいちばんのテーマだったからね。日本政治史およびマスコミ史のなかにおいては、戦後の自民党政権の終焉《しゅうえん》ということが、大テーマだったので……。

小林　そうですね。

河野洋平守護霊　何とかして、生き延びないといかんわけだからねえ。

小林　生き延びるために、二つの談話をつくり出したわけですね。

河野洋平守護霊　そらあ、そう……。

小林　それが、この談話の本質だったと。

河野洋平守護霊　うん。だから、「いい政権になった」ということで……。

綾織　自民党そのものが、左傾化して生き延びようとしたわけですね。

河野洋平守護霊　それから鳩山由紀夫《はとやまゆきお》までつながっているでしょう。あの「アジアを友愛の海に変える」というのは一緒《いっしょ》じゃない？

綾織　うーん、はいはい。

小林　要するに、「自民党が生き延びるために、自虐史観を差し出した」と？

河野洋平守護霊　うん。当時、さきがけとか、日本新党とか、変なのがいっぱいできていただろう？　日本の政治が、ものすごくダッチロールしているときだったんだけど、政権の中枢《ちゅうすう》に戻るためには、とにかく左翼史観を奉《ほう》じてみせることが必要だった。これを大義名分として立てさえすれば、政権を自民党に返してもらえるわけだ。

小林　それで生き延びられると？

河野洋平守護霊　そうそうそうそうそう。

「自虐《じぎゃく》史観」と「ゆとり教育」のワンセットで日本を弱くした

小林　こういう展開になると、村山さん（守護霊）に対して用意していた質問を、あなたに訊いてもいいぐらいなんですけれども。

河野洋平守護霊　うーん。

小林　今、お手元に「中央公論」があると思いますが……。

河野洋平守護霊　うんうん、あるよ。

小林　そのなかにある村山さんの発言で、驚いたものが幾《いく》つかあるのですが、例えば、こういうものがあるんですよ。

河野洋平守護霊　うん。

小林　「最近、日本の学校では、近現代の歴史教育がきちんと行われていないので、それをやらせるためにも、一九九五年という戦後五十年の節目に、ぜひとも何らかのけじめをつけたいと思って『村山談話』を出しました」という趣旨のことを村山さんが言っていたので、唖然《あぜん》としたのです。

ただ、今、あなたが、「偏向《へんこう》した自虐《じぎゃく》史観を〝貢《みつ》ぎ物〟として差し出すことによって、左翼のマスコミや自民党が生き延びた」ということをおっしゃったので、よく分かりました。

河野洋平守護霊　だから、「自虐史観」と「ゆとり教育」は、ワンセットなのよ。これをワンセットにして、日本の国際競争力を落とし、日本人の誇《ほこ》りを弱くして、中国と韓国が追いつくのを待ってあげるわけ。

小林　それは、あなたの考えですよね。

河野洋平守護霊　うん。「ウサギが昼寝《ひるね》して、カメが来るのを待ってやる」ということだったんだ。

日本のマスコミに「中国の悪」を報道させないための働きかけ

小林　それがあなたの考えだということは分かりましたが、とても日本国の政治家の意見とは思えないので、元は、どなたの意見というか……。

河野洋平守護霊　「どなたの意見」って、私の意見……。

小林　まあ、あなたがそう思っておられるのはいいのですが、日本国の副総理兼外務大臣まで務めた人の意見とは思えないので、結局、誰《だれ》かに頼まれたわけでしょう？

河野洋平守護霊　タカ派でも、石原慎太郎《いしはらしんたろう》とか、安倍とかは、ちょっと人気が出たりするけど、普通《ふつう》は、マスコミの袋叩《ふくろだた》きにあって、叩き落とされるからねえ。だから、いかにそれをかわすかが大事だ。トップ一人が、それをどうやってうまくかわすかが問題なわけで、左翼的な言論を弄《ろう》しながら生き延びることが大事なんだ。

綾織　やはり、気になるのは中国との関係です。そうした「談話」もそうですけれども、「中国が主張していることを、そのまま受け入れる」ということを、外務大臣のときに、けっこうやっておられますよね。

例えば、台湾《たいわん》の李登輝《りとうき》さんが「日本に来たい」と言ったときに、それを拒否《きょひ》したり、あるいは、中国が海洋調査を東シナ海や太平洋でやり始めたときにも、それをすべて認めたりしていて、それが、今、尖閣《せんかく》を取りに来ていることにつながっています。

河野洋平守護霊　まあ、中国の他国侵略？「自治区にしたものについて、国内で報道させないようにする」ということをな。

小林　それをされたわけですね。

河野洋平守護霊　ああ、そりゃ当然だよ。

小林　具体的には、新聞社に電話したりという……。

河野洋平守護霊　うん。なるべく載《の》らないように。

小林　ああ、国民に分からないように。

河野洋平守護霊　分からないように。

小林　まあ、官房機密費なども使えますからね。

河野洋平守護霊　テレビや新聞が、それを報道しないようにな。

小林　ああ、ああ。

河野洋平守護霊　天安門事件《てんあんもんじけん》だって、「実際に死んだ人数は何人か」が分からないようにな。

小林　では、天安門事件のときの報道ぶりに関しても、手を回されたわけですか。

河野洋平守護霊　うん。まあ、それはね、あのへんから、もう……。

小林　ああ。

河野洋平守護霊　「中国を悪い国のように思わせちゃいけない」っていうの？　日本が悪い国でなければいけない。これは、何て言うか、「アジアの長男」としての〝誇り〟だよな？　「自分が悪い」と言って責任を引き受けるのはな。

「河野談話」は金権政治批判をかわすための〝人身御供《ひとみごくう》〟

綾織　それは、あなた自身が斟酌《しんしゃく》をしてやっていたものなのでしょうか。それとも、周りに中国の関係者がいて、彼らのアドバイスを聞きながらやっていたものなのでしょうか。

河野洋平守護霊　要するに、マスコミの言いたいことを総合すると、金儲け批判であり、自民党の金権政治批判だったわけだよ。要するに、「金を儲けすぎだから、金を減らして、それを貧しい国や貧しい人に分けろ」という批判だから、そういう態度を取ることが調和のもとだよな。

小林　「金儲け」と「国が発展すること」とは、いわばコインの裏表《うらおもて》であり、どちらのサイドから見るかという問題なのですけれども、それを、一方的に「金儲け批判」という視点のみで捉《とら》えているところには異常性を感じますよ。つまり、そこに中国との関係とか……。

河野洋平守護霊　だけどな、あの「リクルート事件」はすごく堪《こた》えたよ。自民党にとってはね。あんなのでやられるとは、みんな思っていなかったから。「社交儀礼《ぎれい》だ」と思っていたようなことで、みんな引っ掛かり、「リ」の字がくっついただけで、全員失脚するんだから。

小林　確かに、「リクルート事件」の叩き方がひどかったのは認めますけれども。

河野洋平守護霊　ああ。

小林　ただ、「『リクルート事件』で傷ついたので、それで、『従軍慰安婦問題』を〝人身御供《ひとみごくう》〟として朝日他、左翼マスコミに差し出してまで逃げ延びようとした」ということですか。

河野洋平守護霊　だから、お金に関係のなさそうな河野洋平とか村山富市《とみいち》とか、こんなのが上がってきたわけだよ。な？

小林　うーん。

「失われた二十年」の発端《ほったん》となったのは河野洋平氏

綾織　先ほど、「自虐史観を植え付ける」ということと、「ゆとり教育」ということ……。

河野洋平守護霊　とにかく、「ファシズム史観」の確立だな。これが正しい歴史認識だ。

綾織　それと、「リクルート事件」というものが出ましたけれども、これらをトータルで考えると、結局、「『失われた二十年』の発端《ほったん》をつくったのは、河野洋平だ」ということになるのではないでしょうか。

河野洋平守護霊　わしは優《やさ》しいから、中国・韓国が発展するのを待ってやろうとしていたんだ。

綾織　待ってやると？

河野洋平守護霊　「ハンディがつきすぎているから、ちょっと調整しなきゃいけない」と……。

綾織　「調整を二十年間ずっと続ける」という路線を敷《し》いたわけですね。

河野洋平守護霊　そうそうそうそう。調整をつけたのよ。だから、追いついてきたじゃない？　ちゃーんと。

河野氏は「中国の工作」を受けて動いていたのか

小林　今、中国側から、中国政府のいろいろな資料が出てきていて、そのなかに、二十年間の計画や戦略についてのものがあるんですよ。

河野洋平守護霊　うーん、うんうん。

小林　それによると、「だいたい二十年ぐらいかけて、経済的に追いつく」という計画があって、その間、日本の発展を止めておくための工作などを、日本政府に対してやっていたようです。「そういう工程表に基づいて物事が動いている」という資料が、亡命《ぼうめい》した外交官等からボロボロと出てきているわけです。

それとあなたのご発言を照らし合わせると、あなたご自身が、中国からの工作を受けて、自虐史観をつくり、日本経済を止めていたわけですか。

河野洋平守護霊　あんた、よくしゃべるなあ。

小林　いえいえ。そういう事実をお認めになるかどうかをご質問しているのです。

河野洋平守護霊　ええ？　何を言うとるか分からんわ。あんまりしゃべるから。

小林　よく分かりますでしょう？

河野洋平守護霊　ああ？

小林　簡単に言えば、あなたが中国のスパイかどうかを、今、検証しているんですよ。

河野洋平守護霊　スパイなんていうのは……。

小林　あるいは、エージェントと言ってもいいですけれども。

河野洋平守護霊　エージェント……。なーにを言うとるか、よく分からんけど、君ねえ……。

小林　いや、私には自信がありますよ。今まであなたがおっしゃったことを客観的に並べたら、半分以上の人がエージェントだと認定すると思います。

河野洋平守護霊　うーん……。いやあねえ、りょ、良心……。

小林　そのことに関して、あなたご自身の弁明を伺いたいのです。

河野洋平守護霊　政治家としての良心だよ。中国をあれだけ荒らし回ってなあ、アジアの国を侵略しまくった部分の責任をねえ、戦後、やっぱりお返しができていないと俺は思うねえ。うーん。

中国と深いかかわりがあった河野家

小林　あなたの、その歴史観は、どこから来たのですか。

河野洋平守護霊　「どこから来た」って、良心じゃないの?

小林　あっ、もしかしてペアレンツのほうの「両親」ですか。

河野洋平守護霊　いや、「良き心」のほう。

小林　ちょっとそれもお訊きしたかったのですが、あなたの叔父《おじ》の謙三《けんぞう》さんは、日中国交回復や日中友好の草分けで、何回も中国に行かれていました。そのように、「河野家には中国と深いかかわりがあった」と、世の中の人は見ています。そのあたりはいかがですか。

河野洋平守護霊　いやあ、君らはねえ、ハトっていうのは、みんなフランス料理の材料だと思っているからいかんのだ。ハトを見たら食べようとするけど、ハトは大事なんだよ。タカばっかりだったら大変な世界ができるようになるから、ハトは要るんだ、ハトは。まあ、ハト派が必要なんだよ。

綾織　そうかもしれませんが、その内容によります。

河野洋平守護霊　うーん、ハト派が要るんだよ。

日本が中・韓《かん》に侵略《しんりゃく》されることが「カルマの刈《か》り取り」？

綾織　他国の国益だけを追求するのは、ハトとも言いがたいですよね。

河野洋平守護霊　うーん。だけど、朝鮮半島なんか、三十五年も六年も日本に併合《へいごう》されていたんだから、それは筆舌《ひつぜつ》に尽《つ》くしがたい苦しみだろう。だから、理由は何でもいいから、とにかく土下座《どげざ》してほしかろうよ。

小林　あなたが主観的にそう思うのは結構ですが……。

河野洋平守護霊　それを「しろ」と言った人がいたら、宗教家みたいなもんだよ。

小林　歴史を検証すれば、反日の洗脳教育が始まる前の韓国《かんこく》人は、実は、そんなことは大して思っていなかったのです。そういう前提に立ったときに、「韓国の国民がそう思っているだろうから」というあなたの発言は、すべて崩壊するんですよ。

河野洋平守護霊　君らはカルマと言うんだろうけど、「カルマの刈《か》り取り」ということであれば、韓国や中国が、「日本を侵略《しんりゃく》して攻《せ》め取りたい」という気持ちになるのはよく分かる。そうしないとすっきりしないだろう？　元が取れないもん。三十五年ぐらい日本を支配したかろうよ。

綾織　そうすると、単に二十年間、日本を立ち止まらせただけではなく、もう少し、

「その先」があるのではないですか。

河野洋平守護霊　先？

綾織　単に、「日本が立ち止まっている間に中国や韓国が成長すればいい」ということだけではなくて……。

河野洋平守護霊　だけど、当時、アメリカは強大であったから、そんなのに対抗《たいこう》するほど中国が成長するとは思わん。

小林　今の綾織の質問に、ぜひお答えいただきたいのですが。

河野洋平守護霊　あ、何、何、何？

綾織　今、中国が海洋進出をしてきて、「尖閣を取る」とか「沖縄《おきなわ》を取る」とか言っているわけですが、さらに「その先」があるのでは？

河野洋平守護霊　だから、日本には、三、四十年ぐらい、中国や韓国等に占領《せんりょう》される義務があるんだよ。

綾織　義務がある？

河野洋平守護霊　うん。そうしたら、イコールだからね。

小林　分かりました。要するに、そこが根本《こんぽん》ですね。

河野洋平守護霊　うん。イコールだ。いじめられた人に、いじめさせてやったら、すっきりするじゃないですか。

小林　分かりました。以前の霊言《れいげん》で、金正日《キムジョンイル》や金日成《きんにっせい》、それから毛沢東《もうたくとう》などが、まったく同じ発言をされていたのですけれども（『金正日守護霊の霊言』『北朝鮮の未来透《とう》視《し》に挑戦《ちょうせん》する』『マルクス・毛沢東のスピリチュアル・メッセージ』〔いずれも幸福の科学出版刊〕参照）、そういうことが日本には起きるべきであると、あなたご自身が思っているわけですね。

河野洋平守護霊　まあ、毛沢東も残念だっただろうよ。国を統一して、日本を占領したかっただろうな、たぶん。かわいそうになあ。

中国や韓国《かんこく》に「河野洋平の像」を建てるのが目的か

小林　いや、あなたのご意見は、どうなのですか。

河野洋平守護霊　私？

小林　ええ。

河野洋平守護霊　私は、やっぱり中道《ちゅうどう》が大事だからな。まあ……。

小林　いやいや。あなたは、「三十年ぐらい日本を占領させるのが目的なんだ」と、はっきり、おっしゃったではないですか。

河野洋平守護霊　うん。だから、そうならないと、イコールにならないじゃない？　日本も同じ立場に立ったら、それでやっと気持ちが分かるわけだからさあ。

小林　そういう立場になったほうがいい？　なるべきであると？

河野洋平守護霊　うん。だって、もう、なりそうになっているじゃないの？

小林　あなたが、そういう方向に引っ張ってきたわけですよ。

河野洋平守護霊　ええ、まあ、うーん。

小林　「そうなるべきだ」と思っているわけですね。

河野洋平守護霊　そうしたら、中国や韓国《かんこく》には、「河野洋平の像」が建つだろうねえ。

小林　うーん。

河野洋平守護霊　従軍慰安婦の像に代わって、次は。

小林　あっ！　それが目的ですね。

河野洋平守護霊　う、うーん。

小林　はい。分かりました。

3　河野洋平氏の「転生《てんしょう》」に迫《せま》る

中国や朝鮮《ちょうせん》半島にも転生《てんしょう》している？

綾織　ところで、日本人としての自覚はありますか。

河野洋平守護霊　ああ、日本人ね。まあ、私はユニバーサルマンなのよ。

綾織　ユニバーサルマン？

河野洋平守護霊　まあね。だから、もう、世界の正義の代表かな。

小林　それにしては、かなり偏《かたよ》った見方をしますね。

ちなみに、二十年近い前の当会の霊査《れいさ》によると、河野さんの過去世《かこぜ》は、敗軍の将だったようです。今世《こんぜ》も、「自民党総裁で、総理大臣になれなかった」という意味では、敗軍の将かもしれませんが、要するに、「奥州藤原氏《おうしゅうふじわらし》の最後の人ではないだろうか」という霊査が一つあるのです（『新生日本の指針』〔幸福の科学出版刊〕参照）。まあ、それは日本人ですけれども。

綾織　四代目の泰衡《やすひら》です。

小林　ああ、四代目の泰衡ですね。

河野洋平守護霊　それは、君らが副総理まで行ってから、言ってくれよ。

小林　この人は日本人ですが、今、ご自身で、「ユニバーサル」とおっしゃったので、具体的に、他の国ではどのあたりか、コメントを頂けないでしょうか。

河野洋平守護霊　ん？

小林　つまり、過去世についてです。

綾織　日本にも生まれていらっしゃると思いますが、今の感じだと、中国あるいは朝《ちょう》鮮《せん》半島に生まれたこともありますか。

河野洋平守護霊　うーん？　まあ、そういう不利なことは言わんよ。

小林　ということは、あるわけですね？

河野洋平守護霊　うん、まあ……。

小林　今、「うん」とおっしゃった？

河野洋平守護霊　まあ、それは、いろいろあるだろうよ。

小林　いろいろあるわけですね。

河野洋平守護霊　うんうん。うんうん。

小林　例えば、具体的に、どのあたり？

河野洋平守護霊　うーん……。いやあ、私は、日本の良心、アジアの良心なんだよ。うんうん。

小林　アジアの、どのあたりですか。

河野洋平守護霊　え？

小林　アジアの、どのあたりですか。

河野洋平守護霊　いやあ、何を言ってるんだよ。だから、「私が日本のガンジーだ」と言っているんじゃないの？　何を言ってるの？

小林　それはいいのですが、今、「アジアの良心」とおっしゃったので、日本以外にも生まれていると思うのです。

河野洋平守護霊　うーん？　うーん……。まあ、よく分かんないな。よく分かんない。うーん。よく分かんない。

小林　いえいえ。それは、分かっておられる顔ですね?

河野洋平守護霊　ああ、よく分かんない。よく分かんない。よく分かんない。

小林　要するに、「中国か朝鮮半島に過去世がある」ということですね?

河野洋平守護霊　いや、そういう決めつけは、よくないな。うんうん。
だから、日本がいい国だったら、中国や朝鮮半島に生まれていたとしても、日本に感謝するから、別に困ることはない。
しかし、「もし、そこに生まれていて、日本を恨《うら》むようなことがある」ということだったら、「日本人は、昔から悪かった。ファシズム体質は、今、始まったわけじゃなくて、昔の〝倭寇《わこう》〟の時代からファシズムであって、二千年間、ファシズムをやっておった」ということになるよな。

「大国・中国に日本も支配されて当然」という本音

小林　では、〝倭寇〟の時代の中国とか、あのあたりですか。

河野洋平守護霊　いや、まあ、もうねえ、大国に対して、そういう失礼なことを私は言いませんよ。

小林　大国に対して失礼……。この種の発言は、最近、出てきた霊人《れいじん》に多いのですが（前掲《ぜんけい》『そして誰《だれ》もいなくなった』『「中日新聞」偏向《へんこう》報道の霊的原因を探《さぐ》る』参照）。

河野洋平守護霊　日本の官房長官《かんぼうちょうかん》なんていうのは、中国から見たら、もう、県知事ぐらいのもんですよ。

小林　あなたの感覚からすると、例えば、ベトナムやフィリピンが中国の覇権《はけん》に抵抗《ていこう》しているのは、大国に対して失礼だと？

河野洋平守護霊　それは、まあ、支配されて当然ですよ。

小林　当然だと？

河野洋平守護霊　当然ですよ。

小林　では、その延長で、日本も支配されて当然だと？

河野洋平守護霊　うーん。当然ですよ。

小林　あっ、当然ですか。

河野洋平守護霊　うん。当然ですよ。

小林　ああ、そういう考え方を持っているわけですね。

河野洋平守護霊　アメリカも、地球の半分ぐらいは支配したんだから、次は中国でしょう。

小林　（苦笑）だからと言って、「共産党一党独裁の全体主義国家が地球の半分を支配してよい」という理由にはなりませんよ。

河野洋平守護霊　中国がやって、いい国ができるかどうかを見てみないと分からないじゃん、五十年ぐらい。

「救世主が出たら国は滅《ほろ》びる」という間違《まちが》った宗教理解

綾織　かつて、中国に支配されていた地域で、政治家をされていたのですか。

河野洋平守護霊　なんかねえ、嫌《いや》な感じだ。いや、私は、そういうのに答える立場にないわけであって、まあ、〝官房長官談話〟っていうのは、もっと厳密な問題でなきゃいけないな。

小林　いやいや。これも重要な話です。
　今のお話からすると、何となく、「十九世紀後半から二十世紀前半あたりのどこか」という感じが漂《ただよ》ってくるのですが。

河野洋平守護霊　いや、君ねえ、そんなに物事を複雑にするのはやめようじゃないか。俺《おれ》は宗教的人格なんだよ。そういうことでいいじゃないか。

小林　宗教的人格の方には、過去世の認定がすぐ分かる方が多いのですが。

河野洋平守護霊　まあ、君らが宗教と思っているのは、〝ファシズム〟なんだよ。それで、私たちが宗教なの。うん。

小林　その発言は、イエス・キリストに対して失礼ですよ。

河野洋平守護霊　うーん？　私は、イエスなんかと変わらないですよ。イエスと一緒《いっしょ》ですよ。

小林　先ほどの発言は、イエス・キリストに対して失礼であり、平和主義の仏陀《ぶっだ》に対して失礼です。

河野洋平守護霊　ああ、イエスや仏陀とそっくりですよ。私なんか、日本に生まれた仏陀かもしれないし、イエスかも分からない。うん。

小林　あなたの場合は、「ただの弱虫」という感じもしますけれども。

河野洋平守護霊　救世主というのは、要するに、国を滅《ほろ》ぼせばいいんでしょう？　ああ？　それが救世主の条件でしょう？　救世主が出たら、国は滅びるんですよ。

小林　日本を滅ぼすために生まれてきた？

河野洋平守護霊　だから、イエスが生まれたらユダヤの国は滅びた。な？　仏陀が生まれたら釈迦《しゃか》国は滅びた。そして、河野洋平が生まれたら日本国は滅びる。これでいいんだよ。これが救世主だよ。

小林　では、日本を滅ぼすために生まれてきたのですか。それとも、送り込《こ》まれたのですか。

河野洋平守護霊　いや、やっぱりね、「すべてを与《あた》える」ということが、救世主なんだ。

綾織　何か、そういう宗教的な経験もされているのですか。

河野洋平守護霊　うーん？　だから、まあ、私は、君らが目指すところの、いわゆる宗教政治家なんだよ。

綾織　いや、それは、全然違《ちが》います。

河野洋平守護霊　鳩山《はとやま》君なんかも、宗教政治家だと思うね。

綾織　全然違います。まあ、宗教的な経験か、国を売る経験かは分かりませんが、〝すべてを与える〟ようなことを、過去に経験されたことがあるわけですね？

河野洋平守護霊　なんか、ちょっと、すっきりしないのでなあ。君らのような〝ファシスト〟に対して、正直に答えるのは、ちょっとつらい。今、俺を〝拷問《ごうもん》〟にかけているんだろう？

小林　「正直に答えるのはつらい」ということは、正直な答えが、ご自身の内側にあるわけですね？

河野洋平守護霊　君らは〝ファシズム〟だろう？

中国の侵略《しんりゃく》に手を貸しつつ、「なぜノーベル平和賞が出ない？」

小林　例えば、元《げん》の時代の前の中国とか、あのあたりの感じですか。

河野洋平守護霊　まあ、よく分からんけど、とにかくねえ、俺は、輝《かがや》ける日本の良心なんだよ。だから、なんで俺にノーベル平和賞が出ないのか、ちょっと分からないぐらいだよ。

小林　もう少し、ご自分を客観視されたほうがよいと思います。

先ほど、「中国の他国侵略《しんりゃく》を国内で報道させないようにした」と言われましたが、私は、チベットやウイグルの人から、ずいぶん聞きましたよ。

河野洋平守護霊　もともと、あれは……。

小林　「日本の大手新聞は、何者かの圧力によって、チベットやウイグルのことを報道しないようになっているけれども、あれは、いったい、どこから圧力がかかっているのでしょうか」と。

河野洋平守護霊　あんたは、「チベットやウイグルやモンゴルは別の国だ」と思っているけど、それは間違いで、あれは、もともと中国のものなんだ。もともと大中国が全部支配していたんですから。

綾織　全然、別の国です。

小林　まあ、それはね、「モンゴル帝国《ていこく》は十三世紀に生まれたけれども、その前の五世紀、六世紀のころから、チベットは独立国家だった」という歴史を、もう少し勉強されたほうがよいと思います。

いずれにしても、そういうすり替《か》えは別として、あなたにノーベル平和賞をもらう資格はないと思います。マスコミに報道させないようにして、自治区の弾圧《だんあつ》に手を貸していたわけですから。

河野洋平守護霊　村山さんも、もらう資格がある。村山さんも長生きしていて、もらえるかもしれない。もうちょっと頑張《がんば》れば、九十五歳《さい》ぐらいまで頑張れば、もしかして、もらえるかも。

日本を救うために生まれた「導きの天使」を自称《じしょう》

綾織　なかなか過去世が出てこないので、少し角度を変えます。

今のお話を伺《うかが》っていると、河野さん本人の先々のことが気になります。このままでは、お亡《な》くなりになったあと、おそらく、よい世界には還《かえ》れないのではないかと思うのですが。

河野洋平守護霊　それは、まあ、イエスや仏陀と同じ世界に還るんじゃないのか。

うん。やっていることは一緒だからね。

小林　死後、少なくとも、神の善悪の判定があるわけですが、その問題を脇《わき》に置いたとしても、例えば、東條英機《とうじょうひでき》さんが……。

河野洋平守護霊　あっ、東條はいかんわ。

小林　いいですか。東條英機さんが、三百万の人々の恨み心を受けて、天国へ上がれないのと同じように（『公開霊言《れいげん》　東條英機、「大東亜《だいとうあ》戦争の真実」を語る』〔幸福実現党刊〕参照）、でっち上げた自虐《じぎゃく》史観に対する恨み心が河野さんのところに集中して、そう簡単には天国へ行けないと思いますよ。

河野洋平守護霊　いや、私はね、「地獄《じごく》国家・日本」を救うために生まれた〝導きの天使〟で、日本人全員を総懺悔《ざんげ》させることによって、日本国全体を浄化《じょうか》し、救おうとしているんだ。

綾織　それは、もう、悪魔《あくま》の発言に近いのですが。

河野洋平守護霊　そ、そんなことはない。悪魔は日本なんだから。何を言ってるんですか。

小林　「ぱしりのエージェントとして使われた」ということではなく、「そもそも、自分の考えで、そうした自虐史観をこの国に広めた思想犯」ということになってくると、地獄でも、いちばん深い、いわゆる無間《むけん》地獄に行くことになるんですよ。

河野洋平守護霊　まあ、そんなのはねえ、信じていない。俺は勲章《くんしょう》までもらっているから、(地獄に) 行かなければいかん理由はないだろう。君らは、一パーセントも(票を) 取れないような政党だから、それは無間地獄ぐらい行くだろうけどさ。穴蔵《あなぐら》のなかに入ったらいいよ。俺たちは、光り輝く天国に決まっているじゃない。

イエスにも仏陀《ぶっだ》にも〝親近感〟がある?

綾織　先ほど、「信仰心《しんこうしん》がないわけではない」とおっしゃっていましたが。

河野洋平守護霊　ないわけじゃないよ。すごく宗教的な人間だと思う。

綾織　そうなんですか。

河野洋平守護霊　うん。すごく宗教的だと思うなあ。

綾織　その宗教的な背景を教えていただけませんか。あなたのなされた仕事をより理解するために、どういう宗教的な背景があるのか、知りたいのです。

河野洋平守護霊　まあ、そうだなあ、もう、「イエスも仏陀《ぶっだ》も、何だか、非常に親近感がある」というか、私とほとんど同じような感じがしてしょうがないなあ。うーん。

綾織　その時代にいた？

河野洋平守護霊　うーん。親近感があるなあ。

綾織　近いところにいた？

河野洋平守護霊　だから、私は、イエスの育ての親というか、なんか、ああいう気もするぐらいだ。イエスの愛の教えは、私が、ちょっと導いたような気がしてしょうがないなあ。よく似ているねえ。もしかしたら、父親のヨセフかもしらん。

綾織　（苦笑）それは、ないですよね。

小林　それは別として、イエスの時代、イスラエルの地にいらっしゃったのですか。

河野洋平守護霊　うーん？　まあ、そんな古い話は意味がないから、歴史認識としては、もう、できない。できないから、もう、いいじゃないか。

小林　つまり、「いた」ということですね。

河野洋平守護霊　とにかく、「救世主は、国を売るものだ」ということだけはよく分かった。

仏陀《ぶっだ》の時代は「皆殺《みなごろ》し」に遭《あ》った女性信者の一人

小林　ちなみに、今のご発言からすると、「仏陀《ぶっだ》の時代にも、北インドに生まれ、カピラヴァスツ（カピラ城）の栄枯盛衰《えいこせいすい》を見ていた」ということですね？

河野洋平守護霊　やっぱりねえ、非暴力を学んだね。うーん。非暴力をね。

小林　ああ、あの時代に非暴力を学んだ？

河野洋平守護霊　女性たちまで皆殺《みなごろ》しになったからねえ（注。釈尊《しゃくそん》の晩年、釈迦国はコーサラ国に攻《せ》められ、滅亡《めつぼう》した）。

小林　それを見ていたのですね？

河野洋平守護霊　私は女性だったから、殺されたけどね。

綾織　お城のなかにいたわけですね。

河野洋平守護霊　殺されたけどね。だから、「仏陀やイエスみたいな人が出るときは、皆殺しになるんだな」ということは、よく分かった。

小林　ああ。

河野洋平守護霊　だから、救世主が出るとしたら、あっちの、中国や韓国《かんこく》のほうに出なきゃいけないわけだ。日本は〝ファシズム〟で、〝悪魔の国〟だからさ。

小林　もしかしたら、その時代の恨み心というか……。

河野洋平守護霊　そらあ、日本には関係ないでしょう。日本には関係ないじゃない。ねえ。

小林　いやいや。あなたは、「カピラヴァスツに女性として生まれたとき、皆殺しに遭《あ》った」とのことですが、そのときの、個人的な恨み心もあるのでしょうか。

河野洋平守護霊　いや。そんなことはない。「仏陀の教えに忠実に、ただ殺されることが大事だ」ということを……。

小林　ああ、それを経験したわけですね。

河野洋平守護霊　人は殺さず、自分は殺される。これが〝仏教の本質〟だよね。うん。だから、そういうことを教わった。イエスも、「右の頰《ほお》を打たれたら左の頰も出す」とか、なんか、そんなことを言うとるから、まあ、一緒じゃん。

小林　それを実行させるために、「日本は、中国にすり潰《つぶ》されるべきだ」と？

河野洋平守護霊　まあ、宗教的人格なんだよ。いわゆる、哲人宰相《てつじんさいしょう》が生まれたわけよ。

宰相ではなかったかもしれんけど、まあ、それに近いものだ。宮澤《みやざわ》さん、それから河野洋平と、哲人的な宰相が生まれたんじゃないか。

ネロによる迫害《はくがい》でライオンに食われたクリスチャンの過去世《かこぜ》も

綾織　それで、イエス様の時代も殺されているのですか。

河野洋平守護霊　え？　何？

綾織　イエス様の時代も殺されているのですか。

河野洋平守護霊　イエスの時代……。いや、ちょっと違うかなあ。なんか、ライオンに食われたような感じが、ちょっとある。

小林　ライオンに食われた？

河野洋平守護霊　うん。

小林　イエスの時代から、少しずれた時代で？

河野洋平守護霊　そうだなあ。ちょっと、あとになるかなあ。だから、「信仰すれば、ライオンに食われるらしい」ということを知ったな。

小林　ローマのコロッセウムあたりですか。

河野洋平守護霊　まあ、そうかなあ。うーん。だから、なんかねえ、ネロは嫌《きら》いなんだよ、本当になあ。

小林　ああ、ネロの時代。

河野洋平守護霊　あいつ、「クリスチャンが火をつけて歩いておる」と言ってなあ。それで、あらぬ嫌疑《けんぎ》で、みんなライオンに食わされたから、本当に……。

綾織　キリスト教徒として、ローマで伝道をしていたわけですか。そして、殺されたと？

河野洋平守護霊　だからねえ、優秀《ゆうしゅう》な宗教家でもあったんだよ。

綾織　ほお。

小林　当時の話は、映画などにもなっていますね。当時、ローマ帝国の政府の側にも、キリスト教の信仰を持って伝道していて、最後、ライオンに食われた人がけっこういたようですが、もしかしたら、そういったあたりの人ですか。

河野洋平守護霊　まあ、よく分からんが、ネロは嫌いだ。

小林　ああ、「ネロが嫌いだ」と。ネロにやられたわけですね。

河野洋平守護霊　うん。ネロは嫌いだなあ。ああいう独裁者は嫌いだなあ。「権力」と「人殺し」と「女」と「食欲」に溢《あふ》れたやつらは嫌いだなあ。

源頼朝《みなもとのよりとも》に滅《ほろ》ぼされた「藤原泰衡《ふじわらのやすひら》」であることを認める

綾織　考え方はよく分かりました。

ただ、「日本を滅《ほろ》ぼす」ということになると、河野さん自身に、政治家としての結果責任が問われてくると思います。

河野洋平守護霊　まあ、一度は滅んだんだろう。政治的にというか、戦争においては滅んだんだろうけど、あれでは、まだ完全に、日本神道《しんとう》を滅ぼせなかったから、もう一回やらないといけない。

小林　それが目的なのですね？

河野洋平守護霊　うん。そうそう。だから、天皇制を壊《こわ》せなかったでしょう？

小林　それだと、話が少し大きくなってきますね。そういう意図を持っているのは、他の国の民族神であるか、または、日本の歴史のなかで、大和朝廷《やまとちょうてい》に……。

河野洋平守護霊　滅ぼされた。

小林　まあ、奥州もそうですけれども。

河野洋平守護霊　それは、まあ、そうです。それは、そのとおり。

小林　そうなんですか。

河野洋平守護霊　ああ、それは、そうです。

小林　小沢一郎《おざわいちろう》さんには、坂上田村麻呂《さかのうえのたむらまろ》に敗れた東北の豪族《ごうぞく》の霊が憑《つ》いているようですが（『死んでから困らない生き方』〔幸福の科学出版刊〕参照）、あなたの場合はどうだったのでしょうか。

河野洋平守護霊　あんた、滅ぼされて、そんないい気持ちはせんだろうよ。

小林　いつの時代というか、誰の時代ですか。

河野洋平守護霊　ええ？　誰ってさあ。

小林　攻め込んできたのは誰ですか。

河野洋平守護霊　ええ？　攻め込んできた？　攻め込んできたのは、東京で立候補しているやつ（幸福実現党女性局長・釈量子《しゃくりょうこ》）なんじゃないのかねえ。

綾織　奥州に攻め入《い》ったのは、源頼朝《みなもとのよりとも》ですね。

河野洋平守護霊　うん。そうだろう。あれは、東京で立候補してるんだよ。それで、もうすぐ東京で、ビリで落選するからさあ。うんうん。

「物部氏《もののべ》」として仏教導入に反対し、滅《ほろ》ぼされた

小林　「藤原泰衡《ふじわらのやすひら》が過去世」というのは分かりましたが、「神道への恨みがある」と言

うからには、その前に、もう一つ、何かあるのではないですか。

河野洋平守護霊　え？　何の恨み？

小林　つまり、泰衡のときの経験だけで、「日本神道を丸ごと潰したい」とは、普通《ふつう》、思わないでしょうから。

河野洋平守護霊　うん、まあ、それはそうだ。もちろん、それはそうだ。

小林　「もう一つ、前がある」と思うんですよ。

河野洋平守護霊　それは、いっぱいあるな。うんうん。

小林　例えば？

河野洋平守護霊　まあ、物部《もののべ》氏と蘇我《そが》氏との戦いにおいて、物部のほうで、やられたことがあるなあ。

小林　でも、それは、「仏教に対する恨み」ということでもありますね?

河野洋平守護霊　ああ、そうかあ。なるほど。

小林　ただ、聖徳太子《しょうとくたいし》は、ある種、日本神道と仏教とを融合《ゆうごう》させましたから、日本神道に対する恨みでもあるかと思いますけれども。

河野洋平守護霊　まあ、そうだなあ。日本神道の神々が護《まも》りたまわなかったことに対する怒《いか》りは、ちょっとあるなあ。

小林　天皇が仏教に帰依《きえ》したことに対する怒り？　恨み？

河野洋平守護霊　うーん……。やっぱりね、あれは異国に国を売り飛ばしたんだよ。あの時代はな。あなたがたは、聖徳太子の時代を誤解しているんだよ。

綾織　「日本に高等宗教を入れた」というだけのことですが。

河野洋平守護霊　「いい時代だ」と思っておるだろう？　違うのよ。国を売り飛ばしたんだよ。今で言やあ、天皇制を捨てて、キリスト教を国教にしたような時代なんだ。

小林　非常に興味深いご発言ですが、要するに、そのときは、「国を売り飛ばした」と思って怒《いか》ったわけですか。

河野洋平守護霊　うん。だから、保守は保守なんだよね。

4 「河野談話」の責任を問う

「滅《ほろ》ぼされた経験」を今世《こんぜ》も繰《く》り返しているのか

小林　その怒《いか》りを解消するために、今度は、自分が国を売り飛ばす側に回ったのですか。

河野洋平守護霊　売り飛ばすことにならない。

小林　だって、先ほど、あなたは、「河野洋平が生まれたら日本国は滅《ほろ》びる」とおっしゃったでしょう?

河野洋平守護霊　うーん。

小林　あるいは、「三、四十年は、中国や韓国《かんこく》に占領《せんりょう》される義務がある」とおっしゃったわけでしょう？

要するに、「自分の過去世《かこぜ》の経験から、そういうかたちで現代に意趣返《いしゅがえ》ししている」ということですか。

河野洋平守護霊　とにかくねえ、ちょっとねえ、あなたがたは「神仏が大事だ」と言うけど、神仏はオールマイティーじゃないんだよ。神仏は、いつも「滅ぼし」ばかりやるんだよ。だから、神仏を信仰《しんこう》すると、滅んでばかりいるからさあ、気をつけないとねえ。

綾織　あなたの個人の恨《うら》みを国家レベルに広げて、国全体を滅ぼすなど、とんでもない話ですよ。

小林　判断を間違《まちが》えています。

河野洋平守護霊　なーんだよ。イエスの信仰を持っていたって、ネロに勝てないじゃねえか。ええ？

小林　客観的に見ると、かなりの被害妄想《ひがいもうそう》を……。

河野洋平守護霊　日本の神様を信じていたって、外国の神様に負けちゃうじゃないか。

小林　長い歴史を見ると、日本の民族神は、戦《いくさ》にはかなり強いほうで、どちらかというと、勝率はかなり高いほうですよ。そのなかで、「負けてばかりいる」という認識でいるのは、ご自身が弱かったことも関係しているかもしれませんし、あとは、被害妄想もあるのではないですか。それを非常に感じるのです。

今世《こんぜ》、帰依《きえ》しているのは「朝日新聞」

河野洋平守護霊　だって、(藤原泰衡のときには) せっかく、義経《よしつね》をかくまってやったのにさあ。「(義経を) 使うだけ使っておいて、あと滅ぼす」って、あれも、やっぱり、ファシズム的な……。

小林　いやいや。

河野洋平守護霊　鎌倉《かまくら》幕府も、ある種のファシズムだよな。

小林　いや、大局観というものがあるのです。義経は一プレイヤーにすぎず、大局観を持って、もっと大きな視点から見れば、当時、元《げん》の国が立ち上がってくることが見えていたので……。

河野洋平守護霊　（聴聞者《ちょうもんしゃ》のほうを睨《にら》んで）なんで、あのへん笑ってるんだよ。失礼だろう？　〝官房長官《かんぼうちょうかん》の談話〟は、襟《えり》を正して聴《き》くもんだろう。

小林　ちょっと、いいですか。

要するに、「元の国が立ち上がってくることに対して、この国の武士《もののふ》の精神と国防力を強化しなければいけない」という、大局的な仏神の判断があって、あのように歴史が動いたんですよ。

あなたは、「個別のローカルな所で、自分が被害を受けたか、受けないか」ということで判断しているだけであって、大きな「仏神の目」が見えていないのではないでしょうか。そこに問題があると思うのです。

河野洋平守護霊　まあ、現代の神は「朝日新聞」だから、「朝日新聞」に帰依《きえ》しているんだよ。

小林　だから、今世《こんぜ》においても、同じことを繰《く》り返しているのではないですか。

河野洋平守護霊　うーん。まあ、よく分からんけども、とにかく、「信仰した者が滅びる」というのをよく見てきているので、君たちが豚《ぶた》の餌《えさ》に変わるのを楽しみにしているよ。

「河野談話」を出してアジアに平和がもたらされた？

綾織　今回、あなたの考え方や傾向性《けいこう》がよく分かりました。

河野洋平守護霊　でも、（今世は）偉《えら》くなったよねえ。

綾織　まだ、ご本人はこの世で生きていらっしゃるので、ぜひ、いろいろと学んでいただき、傾向性を変えるための努力をしていただきたいと思います。

河野洋平守護霊　君たちは、過去世で、ネロ張りのことをいっぱいしてきているから、今回は、選挙で落ち続けて、苦労するようになっているんだよ。

綾織　いえ。まだまだ戦い続けます。

小林　（苦笑）いろいろな方がいますから、過去世でネロ張りのことをやった人もいるかもしれませんが、一方では、ネロに迫害《はくがい》されながら、今世、あなたとまったく正反対の選択《せんたく》をした人たちも大勢いるので、そこは、あまり自分個人の経験で狭《せま》く捉《とら》えないほうがよいと思います。

河野洋平守護霊　うーん……。とにかく、先のことは知らんけど、われわれの時代は、こういう談話を出すことによって、「アジアの平和」がもたらされたんだよ。うん。それは間違いないよ。

綾織　一時的な平和です。

小林　今、「アジアの平和」が危機に瀕《ひん》しているわけですよ。

河野洋平守護霊　そ、それは、今の外務大臣の問題だよ。

小林　そして、被害を被《こうむ》っているのは、単に日本だけではありません。東南アジア諸国も、被害を被っているのです。

河野洋平守護霊　うーん。まあ、鳩山《はとやま》君も実にいいことを言っていたのになあ。おかしいなあ。

「引退している自分には責任がない」と開き直る

綾織　今回、河野さんは、「このままでは地獄《じごく》に堕《お》ちるかもしれない」という、かな

り危険な状態にあることがよく分かりました。また、勲章《くんしょう》にまったく値《あたい》しないことも
よく分かりました。

河野洋平守護霊　まあ、引退しているからさあ。引退しているから、俺《おれ》には責任がな
いんだよ。

綾織　いえいえ。「中央公論」にも出て、話をしていらっしゃいますので、まだまだ
責任はあると思います。

河野洋平守護霊　安倍《あべ》君は危険だよ。あれは、また新しいヒトラーになるかもしれな
いから、注意しなきゃいけない。

小林　そういった一言一言が、全部、新たなカルマをつくっているし、だいたい、
「中央公論」に出て、発言されていることも、また新たなカルマをつくっているので

す。発言に伴《ともな》う責任に関しては、よく自覚していただいたほうがよろしいと思います。

河野洋平守護霊　いや。安倍君をヒトラーにしないことが大事だよ。

（小林に）君は、ゲッベルス（ナチスの宣伝大臣）の生まれ変わりだろうが。え？

ゲッベルスじゃねえか。

小林　（苦笑）あのねえ。

河野洋平守護霊　よくしゃべるから。

綾織　いえいえ。関係ありません。

河野洋平守護霊　あ？　よくしゃべるから。

小林　私も〝名誉毀損《めいよきそん》〟で訴《うった》えることはできるんですよ。発言には気をつけていただければと思います。

河野洋平守護霊　何を言ってるの？　人に対して断定しておいて、自分のことは何にも……。

小林　では、よろしいでしょうか。次が控《ひか》えておりますので。

河野洋平守護霊　ああ、そうか。

綾織　このあと、「村山談話」の件もありますので。

河野洋平守護霊　はいはい。

綾織　ありがとうございます。

河野洋平守護霊　まあ、「副総理が来てくれた」ということに対して、感謝しなさい！　感謝！

小林　来ていただいたことはありがたいと思っています。

綾織　はい。ありがとうございます。

大川隆法　（合掌《がっしょう》し、三回、手を叩《たた》く）はい、河野さん（守護霊）でした。

第2章

村《むら》山《やま》富《とみ》市《いち》守《しゅ》護《ご》霊《れい》への喚《かん》問《もん》

二〇一三年七月十七日　収録

東京都・幸福の科学総合本部にて

村山富市《むらやまとみいち》（一九二四〜）

元衆議院議員。大分《おおいた》県生まれ。明治大学専門部政治経済科卒業。日本社会党委員長時代の一九九四年、内閣総理大臣に就任。一九九五年、戦後五十周年の終戦記念日に、アジア諸国への植民地支配を謝罪する談話（村山談話）を発表した。

質問者　※質問順

綾織次郎《あやおりじろう》（幸福の科学上級理事 兼《けん》「ザ・リバティ」編集長）

小林早賢《こばやしそうけん》（幸福の科学広報・危機管理担当副理事長）

［役職は収録時点のもの］

1 「村山《むらやま》談話」の背景を探《さぐ》る

村山富市《むらやまとみいち》元首相の守護霊《しゅごれい》を招霊《しょうれい》する

大川隆法　さあ、村山《むらやま》さんはいかがでしょうか。もっと偉《えら》い人なのでしょうか。

では、引き続き、旧社会党委員長にして、日本国第八十一代総理大臣を務めた村山富市《とみいち》氏の守護霊《しゅごれい》をお呼びしたいと思います。

村山富市元首相の守護霊よ。

村山富市元首相の守護霊よ。

どうか、幸福の科学総合本部に降りたまいて、われらに、「村山談話」のころのお心、お気持ちをご開陳《かいちん》いただけますでしょうか。

今、中国および韓国《かんこく》との国交、あるいは友好関係において、いろいろと困難を来《きた》しておりますので、この国の「あるべき姿」や「向かうべき方向」についてのご教示をくだされば幸いです。
村山富市元首相の守護霊よ。
どうか、幸福の科学総合本部に降りたまいて、われらを指導したまえ。

（約十五秒間の沈黙《ちんもく》）

「わしゃ関係ない」と他人事《ひとごと》発言を連発

村山富市守護霊　うーん、河野《こうの》君がようしゃべったから、もういいんじゃないか。

綾織　いえいえ。

村山富市守護霊　ん？　もういいだろう？　「談話」は、もう十分だよ。

綾織　ただ、「村山談話」には、非常に大きな影響《えいきょう》力がありますよ。

村山富市守護霊　本が厚くなったら申し訳ないから、もう、このへんで（霊言《れいげん》の収録を）やめようよ。

綾織　いえいえ。ぜひ、「村山談話」の経緯《けいい》についてもお伺《うかが》いしたいと思います。

村山富市守護霊　うーん……、わしゃあ、八十九やから、もう、ええんじゃあ。

綾織　いやいや、「中央公論」最新号の座談会にも出られていますので……。

村山富市守護霊　いやあ、それは、無理に頼《たの》まれて、しかたなく出ただけだから。

綾織　こちらにもお願いできればと思います。

村山富市守護霊　君ら、若いもんが考えてやったらええじゃない？

綾織　はい。もちろん、私たちも考えていますけれども……。

村山富市守護霊　やんなさい。

綾織　「村山談話」の検証もさせていただきたいと考えています。

村山富市守護霊　うーん、わしらはもう、関係ないんだよ。何の責任もないんだよ。

綾織　責任がない？

村山富市守護霊　ないよ。そりゃ、後世の者たちの仕事じゃ。

綾織　その言葉は、ちょっと聞き捨てならないですね。

村山富市守護霊　わしはわしで、勝手に首相にされたんで、しかたなしにやっただけなんだからさあ。

綾織　その点については、そうですが（笑）。

村山富市守護霊　ええ？　別に、「（首相を）したい」と言ったわけじゃないんだよ、あれは。「したい」なんて、一度も言ってないんだからねえ。ええ？

首相番記者に漏《も》らしていた「外国に行きたくない」発言

綾織　実は、私が産経新聞にいたときに、村山首相を近くで見させていただいて……。

村山富市守護霊　したくないんだよ。したくはないんだよ、首相なんて……。

小林　（苦笑）綾織の話を少し聴《き》いていただけませんか。

村山富市守護霊　ああ、そうかそうかそうか。うーん。

綾織　初めて政治部へ行ったときに、私は、村山首相の担当になりまして……。

村山富市守護霊　ああ、そう!? うーん。したくないの、分かっただろうがあ。

綾織　お話をさせていただきました。あの当時にも、本当に無責任に仕事をされていることを、よく実感しておりました。

村山富市守護霊　いや、したくなかったのよ。これ……、もう、ほんと。外国に行くのが嫌《いや》だろう？

綾織　（苦笑）

村山富市守護霊　外国に行くのが嫌……。

綾織　そうですねえ。サミットに行くことを、とても嫌がっていらっしゃいました（笑）。

村山富市守護霊　外国のしゅ、しゅ、首脳陣《じん》と、し、し、しょく、食事会するのは、たまらんよ、あれ。

綾織　はい、はい。

村山富市守護霊　あれは〝地獄《じごく》〟だぞぉ。あれこそが〝地獄〟だわ。あんなの、とてもじゃないが……。

綾織　そうですね。はい、はい。

村山富市守護霊　わしゃ、幕の内弁当以外は、もう、いかんわ。

綾織　そのお話を、私も伺いましたので、よく存じています。

阪神大震災《はんしんだいしんさい》に「神の怒《いか》り」を感じ、あわてて伊勢《いせ》参り

村山富市守護霊　いらん！　いらん！　もう、なんでわしを……。誰《だれ》か悪い……、亀《かめ》井《い》（静香《しずか》）かな？

綾織　そうですね。当時、亀井さんと野中《のなか》（広務《ひろむ》）さんと……。

村山富市守護霊　やつらがわしを担《かつ》いだおかげで、社会党は滅《ほろ》びたではないか、もう。

綾織　はい。担ぎ上げて、やっていましたね。

村山富市守護霊　あれをやらんかったら、社会党は残っとったんだよ。ねえ？

綾織　村山政権当時、阪神大震災《はんしんだいしんさい》もありましたけれども、本当に他人事《ひとごと》のようでいらっしゃいました。

村山富市守護霊　そうなんだよ。神様、怒《おこ》ってしもうたんだよぉ。

小林　そういう自覚はあるんですね？

村山富市守護霊　それはそうよ。「お伊勢《いせ》さん」が怒ったんやな、もう。

綾織　ああ、なるほど。それで、その年の四月にお伊勢参りをされたんですか。

村山富市守護霊　だから、だから、わしも「なりとうない」って言うとるのにさあ、それを無理やり（首相のポストに）座《すわ》らされた。そしたら、「お伊勢さん」が怒ったからさあ。

綾織　はい。はい。

村山富市守護霊　だから、お詫《わ》びに行ったけど、わしを首相に据《す》えたやつが悪いんであって、わしが悪いわけじゃないんだよ。

「村山談話」の閣議決定の際に凍《こお》りついた大臣たち

綾織　この「村山談話」は、九五年八月に出されたわけですけれども……。

村山富市守護霊　そんなの、他人《ひと》が書いたもんやから、中身はよう知らんけどさあ。

小林　そのことについて、ちょっといいですか。

村山富市守護霊　え？

小林　当時のことについては、さまざまな証言がありましてね。普通《ふつう》、「総理大臣談話」は、閣議にかけて了承《りょうしょう》を得てから発表するのですが、閣議にかける案件というのは、全部、事前調整がなされるんですよ。

村山富市守護霊　うーん、うーん。

小林　ところが、この「村山談話」については、「事前調整がなく、いきなり、閣議の場にボーンと出てきた」という話があります。

村山富市守護霊　ふーん。

小林　そういう奇襲攻撃《きしゅうこうげき》を食《く》らって、「村山さんが文面を読んだ瞬間《しゅんかん》に、戦慄《せんりつ》が走り、氷のように硬直《こうちょく》した大臣が続出した」という証言も出ています。

村山富市守護霊　うん、でも、これは……。

「『村山談話』の原案を書いたのは某《ぼう》マスコミ」と告白

小林　その直前に、「三人ぐらいの人間がこっそり集まって密談し、文章を書いた」というような目撃証言もあるのですが、「他人が書いた」とは、誰が書いたのでしょうか。

村山富市守護霊　あのねえ、君、「官僚《かんりょう》が書いた」と思うたら甘《あま》いよ。

小林　そうですよね。

村山富市守護霊　うん。こんな文章を書くのは官僚だけではないんだからね。

小林　誰だったんでしょう？

村山富市守護霊　そら、マスコミだよ。

小林　誰でしょう？

村山富市守護霊　うーん、原案は、マスコミから来てるに決まってるじゃない？

小林　誰から来ましたか。

村山富市守護霊　これは……、これを発表したら、絶対、支持が上がって、人気沸騰《ふっとう》するでしょう。そらあ、まあ、マスコミだよなあ。

小林　どこのマスコミですか。

村山富市守護霊　いや、わしは知らんよ。そんなのは。

小林　いえいえ。

村山富市守護霊　だから、マスコミの書いたやつを官僚が見て、ちょっと、まあ、それを揃《そろ》えてよこしたのよ。

質問者の追及《ついきゅう》で浮上《ふじょう》した左翼系《さよく》「Ａ新聞」の名前

綾織　それは、新聞と考えていいのですか。

村山富市守護霊　ああ、そうだろうなあ。

綾織　ある新聞？

村山富市守護霊　新聞だろうなあ。

小林　左翼系《さよく》で、それだけの度胸があるところは、ほとんど一つしかないのですが……。

村山富市守護霊　うーん。まあ、でも、知らんけどもなあ。わしではないって。責任……、わしの責任じゃない。「わしがつくったことにしてくれ」というだけのことやから。

小林　それは分かりました。いわゆるA新聞ですねえ。

村山富市守護霊　うん。だから、社会党委員長を、一回、首相にしてみたかったんだろう。鳩山《はとやま》を首相にしたんと同じ原理が働いたのよ。

小林　では、A新聞によって、そういう原理が働いたと？

村山富市守護霊　うん、「やってみなさい」と。だから、社会党の政策をずーっと支持してたでしょ？　その新聞はな。

小林　A新聞はね。

村山富市守護霊　うーん。だから、そのとおりでやってみたらどうなるか、やってみたかったんだろう。

小林　ああ、なるほど。

村山富市守護霊　彼らが操縦するとおりに言うたら、確かに、まあ、ものすごく評判がよかったわなあ。

綾織　「文案は新聞社から来た」とのことですが、その談話を出そうということになったのは、どのような経緯でしょうか。さっき、河野さんは、「自分がある程度アドバイスをした」という話だったのですが。

村山富市守護霊　まあ、それは、何人かは……。連立政権だったからなあ。

綾織　はい。これを言い始めた中心的な人は、どなたなのでしょうか。

村山富市守護霊　うーん……。とにかく、社会党政権の特徴《とくちょう》を何か出さないといかんからのう。まあ、そういうことで、「目玉」っちゅうことやったからなあ。うーん。

綾織　それでは、河野さんのアドバイスもあり、社会党のなかでの、「これはいいや」という話にもなり、「じゃあ、文章をつくりましょう」という話になっていったと？

村山富市守護霊　うーん、わしにこんな文章が書けるわけないだろうが、ほんとに。

綾織　それはよく分かりますけれども……。

村山富市守護霊　うん、見たら分かるじゃない？　わしの読めん字がいっぱい入っとるんじゃ。

綾織　（笑）

「人民日報《じんみんにっぽう》」を直訳したような「村山談話」の不自然な日本語

小林　いやあ、「村山談話」は、すごく面白《おもしろ》いんですよ。おそらく、これをしっかりと読んだことのある方はあまりいないと思いますので、ここで少しご紹介《しょうかい》しましょう。

例えば、中段最後の肝《きも》の部分に、こんな表現があります。「疑うべくもないこの歴史の事実を謙虚《けんきょ》に受け止め、ここにあらためて痛切な反省の意を表し、心からのお詫びの気持ちを表明いたします」

昔、この表現を読んで、私は、つい、ボロッと笑ってしまったんですね。

村山富市守護霊　ふーん？

小林　これは、中国の「人民日報《じんみんにっぽう》」を直訳したときとか、中国外務省の報道官がワアワア言ったのを、日本のテレビや新聞等が翻訳《ほんやく》して伝えたりするときに使うような表現で、普通の日本人はあまり使わない表現なんですよね。

村山富市守護霊　わしには書けんわ、こんな文は。なあ。

小林　書けないでしょう?

村山富市守護霊　うーん、書けん。

小林　だから、以前から、「この表現はすごく面白いなあ」と思っていたんですけれども、今日、お話を伺って、本当によく分かりました。

村山富市守護霊　うん。だからね、頭のええ人がおるもんじゃのう。わしゃあ、明治

（大学）の専門部（現在の短期大学に相当）やから、そんなん、無理なんじゃあ。だから、「総理は無理じゃ」って何回も辞退したんだよ。

思わず新聞社の実名を口にした村山守護霊

綾織　「村山談話」の文章表現に関しまして、実は、談話が発表されたあとの記者会見に、私も出たのですが……。

村山富市守護霊　あらあ、君、偉い人なんやなあ。

綾織　いえいえ。

村山富市守護霊　わしの代わりに書いてくれたらよかったんじゃないの。

綾織　いえいえ。その場合には、全然、違《ちが》う文章になると思います。「遠くない過去の一時期、国策を誤り」という文について……。

村山富市守護霊　うーん、すごい言葉だなあ。上手に書くもんだなあ。

綾織　はいはい。これは、村山さん自身の談話ですのでね。

村山富市守護霊　うーん。「国策を誤り」なんて、わしが書けるわけないだろうが。

綾織　はい。その記者会見のときに、「『国策を誤り』とは、どの部分を指しているのか」と、産経新聞の者が訊《き》いたんですが、村山さんは、まったく答えられなかったんですよ。

村山富市守護霊　当たり前だよ。わしが書いてないんだから（会場笑）、答えられるわけないじゃないか。バカなことを言うんじゃないよ。その意味は、朝日新聞に訊いてくれよ。

小林　あっ、朝日新聞なんですね？

村山富市守護霊　意味はちゃんと、そっちに……。

小林　分かりました。ありがとうございます。

村山富市守護霊　産経か朝日を取材したらいいじゃないか。「意味はどういうことですか」って。

綾織　産経に訊いてもしかたがないと思うのですが。

村山富市守護霊　分かる説明ができるはずだよ。うーん。

綾織　なるほど。では、朝日新聞や社会党の方々、自民党の一部の方のアドバイスで、これをつくったと？

「村山談話」原案作成にかかわった朝鮮礼賛《ちょうせんらいさん》の学者

村山富市守護霊　あと、まあ、学者さんも、ちょっと入っとるかもしらんなあ。

綾織　学者？　はい、はい。

小林　学者も入っていたわけですね。

村山富市守護霊　うんうん。たぶん入っとるだろう。

小林　ちなみに、名前は申し上げませんけれども、今、村山さん（守護霊）のおっしゃっている学者さんというのは、いまだに、「竹島《たけしま》は韓国領である」と主張している日本人の学者ですね？　「あの方」ですよね。

村山富市守護霊　うーん、まあ、そうかもしらんし、そうでないかもしらん。

小林　そして、自分の著書で、「スターリンはユートピアをつくった」と書いている方ですね？

村山富市守護霊　いや、そんな難しい議論はやめてくれんかなあ。わしは勉強しとらんのやからさあ。

小林　いや、これはちょっと記録に遺《のこ》したいので申し上げているのですが、『横田《よこた》めぐみさんが北朝鮮《きたちょうせん》に拉致《らち》された』という証拠《しょうこ》はないから、これは嘘《うそ》だ」と言って、ずーっと否定し続けた、すごい学者がいるんですけれども、その方ですよね？

村山富市守護霊　それは、行方《ゆくえ》不明者ぐらい、ときどき出るだろうよ。ちょっとはさあ。

小林　ああ、でも、その方ですね?

村山富市守護霊　うーん。（のちの）韓国の大統領を拉致できるんだから、そらあ、日本人ぐらいできるだろうよ。普通の日本人ぐらいは。金大中《きんだいちゅう》は拉致されたの、ホテルから。ねえ。

予期せぬ「村山談話」の発表で裏切られた安倍《あべ》首相

小林　私は、安倍《あべ》さんが、「この談話の裏には、横田めぐみさんの拉致を否定する勢力や人物がかかわっており、これを書いた」という状況《じょうきょう》を全部知った上で、あれだけ「村山談話」に反対してきたのだと思っていましたので、ここに来て、安倍さんがあっさりと「村山談話」を踏襲《とうしゅう》したことに関して、すごく怒っているんです。

村山富市守護霊　だから、「安倍さんは、わしに一票を入れた」と書いてあるじゃない？　この本には（「中央公論」を掲《かか》げる）。わしはよう知らんかったけど、なんか、そう書いてあるじゃないか。わしを首相にするように支持したらしい。そうすると、「安倍さんには、わしを批判する資格がない」っちゅうことやなあ。だから、わしの談話を踏襲するしかないわなあ。

綾織　いえ、「まさか、こんな談話を出すとは思わなかった」ということですよね。

村山富市守護霊　いや、いちおう、読み方は指導してもろうたよ。

小林　あ！

村山富市守護霊　よ、読み方、読み方はね。「こういうふうに読んでください」っていうの？

小林　漢字の読み方とか？

村山富市守護霊　うん、そうそうそう。間違わんようになあ。うんうんうん。

「村山談話」が悪用される危険性をどう考えるのか

綾織　しかし、結局、この談話を出しても、あなたの意に反して、中国も韓国も、それほど評価しなかったんですよね。「素晴《すば》らしい」とも何とも言いませんでした。

村山富市守護霊　まあ、この時点では、これの歴史的な重みが分からんかったんだろうな。だんだんあとになって、これの利用価値が分かってきたんだよ。あとになるほど……。

綾織　まあ、そうなのかもしれません。

村山富市守護霊　うーん、そうそうそう。

綾織　しかし、東南アジアの国々のなかでは、「もうそんなことをする必要はない」という声が、けっこう上がっていたんですよね。

村山富市守護霊　うーん……、でも、まあ、「社会党の内閣」やからなあ、やっぱりな。歴史に名前を遺さないかんからさあ。おかげで、わしも勲章《くんしょう》をもらえたよ。河野と一緒《いっしょ》に勲章をもらえたからさあ。うん。

綾織　確かに、あとになればなるほど、この利用価値を分かる人が増えてきています。

村山富市守護霊　（影響が）大きくなってきたんでないか。うーん。

綾織　だから、韓国も中国も、まあ、北朝鮮もそうかもしれませんけれども、今、この「村山談話」をもとに、日本との外交関係を固定しようとしているわけです。これについては、「よかった」と思っているのですか。

村山富市守護霊　「従軍慰安婦《じゅうぐんいあんふ》の碑《ひ》を建てとる」とかいうのは、まあ、別に気にせんでええじゃない？　こっちも、何か代わりに、村山の碑でも建てたら、それでええやないか。

綾織　今年の一月、中国の北京《ペキン》に行かれたと思いますが、これもまた、村山さん自身が、「尖閣《せんかく》問題」で中国に利用されている状態ですよね？

村山富市守護霊　まあ、そうは言わんけど、いろんな人がお膳立《ぜんだ》てしてくれるからのう。まあ、八十九じゃ、もう何もすることはないからさあ、そりゃあ、「接待してくれる」っちゅうなら行くわねえ。

「中央公論」座談会での発言は上手な編集者のおかげ？

小林　今、「ボケ役」を演じて、「わしの責任ではないんじゃあ」という言い方をされているので（笑）、ここで一つ、検証のためにお話ししておきたいと思います。

村山富市守護霊　うーん。

小林　そちらのお手元にある「中央公論」のなかで、先ほどの河野さんのときに引用しなかった部分がもう一カ所あって、村山さんの発言になっているのですが、要するに、「私がなぜ『村山談話』を出したか」と、理由を説明されている箇所《かしょ》があるんですよ。

村山富市守護霊　ほう。

小林　そのなかで、「日本社会党が政権を取っている間に、このくらいのことができなければ、まったく意味がない。『私は、この談話が出せないようであれば辞《や》める』という重大な決意でもって、この談話の作成に臨《のぞ》んだんです」と、今のあなたとは全然違うことをおっしゃっているのですが。

村山富市守護霊　うーん、やっぱり、「中央公論」なんちゅうところは、優秀《ゆうしゅう》な編集者を持っとるんやな。

小林　しかし、座談会のときに、そうおっしゃったんでしょう?

村山富市守護霊　ああ? え? そうか。まあ、どうかな。

小林　言わなかったんですか。

村山富市守護霊　それは分からないよ。だから、これは、こういう言葉を整える、いい編集者がいるんだよ。こりゃ、君らもちょっと、もう一度勉強したほうがいいよ。

綾織　つまり、ご自身では言っていないんですね？

村山富市守護霊　君らの編集部にはなあ、こういうねえ、人の言い違いを平気で載《の》せる癖《くせ》があるから。

小林　いいですか。たとえ、編集者が文章を整理したものであっても、これは、あなたの発言責任になるんですよ。

村山富市守護霊　うーん。

小林　必ず、本人への原稿《げんこう》確認が来ているはずです。だから、名前を出している場合には、その本人確認の原稿に対して、「イエス・オア・ノー」と意思表示をするなり、赤ペンを入れたり入れなかったりした段階で、すべて、あなたに責任が来ることになるのですが。

村山富市守護霊　まあ、よう知らん。うーん。

小林　そのことに関しては、どうなんですか。

村山富市守護霊　ああ、河野さんが「大成功だったんです」って書いてあったのだけは覚えとるわなあ。わしのは「大成功だった」と言うとると。まあ、（河野氏が）そう言うんだから、そうなんだろうよ。大成功だったんだろ？　うんうんうん。

小林　その意見に乗っかったと？

村山富市守護霊　うん。まあ、それからあと、中国との関係がグーッとよくなったのよ。

「人の好《い》いおじいちゃん」では許されない、政治家の結果責任

綾織　個人としては、「人の好《い》いおじいちゃん」だと思うんですけども（笑）、やはり、影響が大きすぎます。政治家というものは、「結果責任」がすべて本人にかかってしまうものですからね。

村山富市守護霊　いや、わしが総理になって、日本は初めてな、本当の民主主義社会になったんじゃ。

綾織　ほう。

村山富市守護霊　「誰でも総理になれる時代」が、やっと到来《とうらい》したんだ。

綾織　それは、ある意味では、そうですね。

村山富市守護霊　うん、そうだろう？

小林　まあ、田中角栄《たなかかくえい》さんも総理になっていますけどね。

村山富市守護霊　うん、そうだ。そうなんだよ。民主主義社会になったんだ。

綾織　今、すごく機嫌《きげん》よくされていますけれども……。

村山富市守護霊　いや、心配してるよ、安倍の独走を。安倍さんの独走で、日本が再び戦火にまみれることを恐《おそ》れている。

綾織　あなたの政治的な失策、失敗によって、今、非常に大きな影響が出ているわけですよ。

村山富市守護霊　そうなんだ。社会党がなくなってもうた。

綾織　まあ、それはそうですね（笑）。

村山富市守護霊　うん、大きな失敗じゃ。

綾織　そういう旧社会党員の恨《うら》みも受けると思いますし、同時に……。

村山富市守護霊　うんうん。「そして誰もいなくなった」っちゅう話やん。

綾織　はい（笑）。その発端《ほったん》をつくったのは村山さんだと思います。

村山富市守護霊　うん。だから、わしが首相になったために、そうなったんじゃ。

綾織　はい。そうですね。そのとおりです。

村山富市守護霊　世の中、不思議なことがあるもんやなあ。「出世したら崩壊《ほうかい》する」っちゅう……。

綾織　「村山談話」によって、今、日本国民が同じような目に遭《あ》う可能性が出てきているわけですよね？

村山富市守護霊　ん？　なんで、なんで、なんで？　ど、どういうこと？

綾織　ええ。やはり、「日本は、中国に対し、これからもずっと謝《あやま》り続ける」という関係をつくったわけですよね。

もうすぐ「中国から食糧《しょくりょう》を恵《めぐ》んでもらう時代」が来る？

村山富市守護霊　いや、そんなことはない。その時代は、もうすぐ終わる。

綾織　ほう。

村山富市守護霊　もうすぐ、中国から食糧《しょくりょう》を恵《めぐ》んでもらう時代が来る。

綾織　恵んでもらう？

村山富市守護霊　ああ。「日本が中国から恵んでもらう時代」が来るわけだから、そのときには、「よかったな。やっぱり、『村山談話』のおかげやったなあ」と思うようになるわ。

綾織　ほう。「恵んでもらう」というのは、単純に、「中国共産党によって支配される」ということですか。

村山富市守護霊　だって、日本は、もうすぐ潰《つぶ》れるでしょ？　だから……。

綾織　潰れる？

村山富市守護霊　「若者一人で、年寄り一人」を養わなきゃいけなくなる。

綾織　ああ、はいはい。

村山富市守護霊　そんなの、無理に決まってるからさあ。もう潰れるから、もうすぐ。

綾織　日本政府が潰れるわけですか。

村山富市守護霊　そのときに、中国が助けてくれるんだよ。

綾織　助けてくれる？　そして援助《えんじょ》を受ける？

村山富市守護霊　日本はエネルギーも足りないだろうから、そのために、中国が日本の近海でいっぱい油田を掘《ほ》っとるわけだ。中国が掘ってくださってるんでないか。

小林　まあ、そのころには、中国は日本以上の「老人大国」になっていると予測されています。そこを「見抜《みぬ》け」というのは無理かもしれませんが、やはり、見抜いたほうが……。

村山富市守護霊　まあ、畑や田んぼは、いっぱいあるんで、食糧はできるんでないかなあ。

小林　（笑）「畑や田んぼがいっぱいあるから」、ですか。

村山富市守護霊　うーん。

小林　自分の国の食糧もつくれておらず、自分の国の「口分《くちぶん》」も足りないんですがね。

日本が中国に吸収される〝功績〟で「孔子《こうし》平和賞」受賞!?

綾織　何だか、すごく間抜けなふりをしていますが、先は見えていらっしゃいますよね？

村山富市守護霊　見えて見えて、そらあ、もう、わしほど、先見性のある人間はいないわなあ。

綾織　そういうふうに、「日本が中国に呑《の》み込《こ》まれる未来」というものを、ある程度想定して、この「村山談話」もつくられているわけですよね？

村山富市守護霊　日本が正式に社会主義国家になった場合、初代の、その先駆《さきが》けは「わし」っていうことになるわなあ。

綾織　ああ、なるほど。

村山富市守護霊　ああ。あとになると、グワーッとよくなるだろうなあ。

綾織　今年の一月も北京に行っていますし、四年前の軍事パレードでは、江沢民《こうたくみん》や胡《こ》錦濤《きんとう》といった人たちと同じような場所でパレードを見ていましたよね?

村山富市守護霊　いやあ、中国にはねえ、年寄りを尊敬する文化があるんじゃないかな。わしみたいな長老になってくると、すっごい尊敬を受けるのな。

綾織　中国の軍事パレードを見て、何を思っていたのですか。

村山富市守護霊　いやあ、「素晴らしい」と思ったなあ。

綾織　素晴らしい?　はいはい。

小林　あそこで並んでいたミサイルは、日本に飛んでくる可能性があるのですが、それをどう思われるのですか。

村山富市守護霊　いやあ、そんなことはないでしょう。それはもう、平和裡《り》に統治してくださると思う。

小林　「平和的に日本を中国に吸収する」と？

村山富市守護霊　うーん。統治してくださるんでないかなあ。うん、うん。

小林　「統治してくださる」と？

村山富市守護霊　わしは、だから、まあ、ノーベル平和賞は無理かと思うけど、「孔《こう》子《し》平和賞」の可能性がちょっとあるんじゃないかと思う。

小林　ああ、そうですか（笑）。

村山富市守護霊　うん、うん。そうなの。これは、あるような気が……。

綾織　そうですね。それが本当なら、いくらでも来ると思います。

小林　これは、見出し級のコメントを頂けましたね。

村山富市守護霊　ああ。

2　村山富市氏の「転生《てんしょう》」に迫《せま》る

やはり過去世《かこぜ》は「新羅《しらぎ》の漁村の網元《あみもと》」か

綾織　少し、霊的《れいてき》背景の部分についてお伺《うかが》いします。
過去世《かこぜ》という言葉は、ある程度分かると思うのですが、以前の幸福の科学の霊査《れいさ》によると、「朝鮮《ちょうせん》半島の新羅《しらぎ》にあった漁村の網元《あみもと》をされていた」ということが、一つ分かっていますが……。

村山富市守護霊　それは失礼だなあ。

綾織　ああ、そうですか。

村山富市守護霊　それは、たぶん、国王の間違《まちが》いだろう。

綾織　え？　朝鮮半島のですか。新羅のですか。

村山富市守護霊　国王ぐらいにしてくれないと、日本の首相と釣《つ》り合わんだろうが。

小林　何という名前の国王ですか。

村山富市守護霊　いや、ないよ。そんな名前なんかないわ。

小林　名前はないのですか。

村山富市守護霊　うーん。

綾織　では、過去世は、漁村の長《おさ》ということですね。

村山富市守護霊　いやあ、ハングルは難しいな。よく分からんからな。うんうん。

小林　（笑）

綾織　ハングルは、日本統治下で普及《ふきゅう》していますので。

村山富市守護霊　ああ、そうか。知らんかったわ。うん、そうか。

綾織　はい。あとは、蘇我馬子《そがのうまこ》に殺された崇峻《すしゅん》天皇……。

村山富市守護霊　あ、崇峻天皇が、わしだって？

綾織　いやいや。その護衛です。

村山富市守護霊　あ、違うの？

綾織　護衛のほうで、「天皇陛下を守れなかった」という話です。

村山富市守護霊　護衛っていうのは、ちょっと話が落ちるな。それはないだろう。わしは、そんな武闘《ぶとう》派と違うよ。

綾織　「暗殺されてしまったので、仕事ができなかった」という話なのですが。

村山富市守護霊　おお、護衛ってのは武闘派じゃろう。多少、剣《けん》が立たないと、天皇の護衛はできんだろう。

綾織　当時は、ある程度、剣が立ったのだとは思いますが、その仕事が全うできなかったわけですね。

村山富市守護霊　うーん。俺《おれ》のような仕事は、隣《となり》に座《すわ》ってるような〝おっさん〟の仕事やないか。そんな……。

綾織　それはどうなのか、よく分かりませんが、さらに、もう一つは、安徳《あんとく》天皇に仕える侍《さむらい》です。

村山富市守護霊　安徳……。

綾織　「入水時《じゅすいじ》にいらっしゃった」という話もあります。

村山富市守護霊　「海に飛び込《こ》んだ」って言うんかい？

綾織　そうですね。ご一緒《いっしょ》されたみたいです。

村山富市守護霊　それは、もう、悪いわ。悪い話ばっかり揃《そろ》えてくるのう、ほんまに。ここは、「不幸の科学」じゃ。

綾織　そういった傾向《けいこう》性をお持ちの方なのかとは思うのですが。

村山富市守護霊　うーん。まあ、「偉《えら》い人のそばにいた」っていうところは、ちょっと分からんでもない。

綾織　ああ。はいはい。

似た傾向《けいこう》性の河野洋平氏とリンクする過去世《かこぜ》

小林　先ほどの河野さんの話と合わせると、非常に面白《おもしろ》いですね。そうすると、河野さんと、けっこうご縁《えん》がありませんか。

村山富市守護霊　うーん？　いやあ……。

小林　「蘇我馬子にやられた」ということは、結局、「当時の河野さん（物部氏《もののべ》）と同じ側に立っていて、一緒にやられた」ということでしょう？

村山富市守護霊　蘇我馬子……。

小林　そうですよね？

村山富市守護霊　うーん。そうだなあ。聖徳太子《しょうとくたいし》って、一万円札のにおいがして、あんまり好きじゃないなあ。

小林　ああ。聖徳太子は好きではないのですね。

村山富市守護霊　うん、うん、うん。

小林　そこも、河野さんと一緒ですね。

村山富市守護霊　うーん。あんまり好きじゃないなあ。

綾織　物部系だったわけですね？

村山富市守護霊　ん？

綾織　「物部側に立っていた」ということですか。

小林　物部系から、崇峻天皇に派遣《はけん》されていた護衛でしょうか。

村山富市守護霊　うーん。よく分からんなあ。

綾織　その後の、安徳天皇の時代は、義経《よしつね》、頼朝《よりとも》にやられたわけですが、河野さんも、同じように源氏《げんじ》側にやられました。

村山富市守護霊　それは悪いなあ。「それが日本のファシズムの源流じゃ」って言ってるから。

綾織　そういう意味では、同じような傾向性《けいこうせい》を持たれているのではないでしょうか。

村山富市守護霊　ふーん。

3 明らかになった「村山談話」の真相

村山富市氏の首相就任が「民主主義を完成させた」？

村山富市守護霊　まあ、とにかく、「偉《えら》い人のそばに生まれる」っていうことはあるらしいなあ。

小林　それで、ヒョイッとお相伴《しょうばん》にあずかっているわけですか。では、「今世《こんぜ》は、わりと想定外の大出世だった」ということになりますね。

村山富市守護霊　だから、日本に民主主義が完成したんだよ。私が首相になったことで、民主主義が完成したんだ。うん。

小林　おそらく、田中角栄《たなかかくえい》さんの場合は、「自助努力で駆《か》け上がった」ということを、誰《だれ》もが客観的に認めると思うのですが……。

村山富市守護霊　あれは民主主義じゃない。金権主義だよ。

小林　（苦笑）あのー、村山さんの場合、おそらく、そう認定される方はいらっしゃらないと思います。「結果としての総理大臣」ということと、「日本に、本当の意味での民主主義が出来上がった」ということは、別の意味かと思いますが。

村山富市守護霊　誰でも総理になれる時代が、やっと来たんだよ。

小林　「棚《たな》ぼたで」ですよね。

村山富市守護霊　うーん。まあ……。

綾織　その結果、日本国民は、非常に不幸になると思います。

村山富市守護霊　今まではねえ、天皇陛下にはなれても、総理にはなれなかったのよ。天皇陛下だったら誰でもできたんだけど、総理はできなかったんだ。だけど、とうとう、総理もできるようになったの。民主主義が、さらに進化したんだよ。ねえ？

綾織　中国側から見ると、今でも、非常に利用価値のある「村山談話」であり、「村山元首相」でいらっしゃるので、まだ長生きされると思いますが、発言や行動は、もう少し慎重《しんちょう》にしていただければと思います。

村山富市守護霊　そら、女のほうは、もう、あかんわ。

綾織　（苦笑）そんなことは訊《き》いていませんから。

村山富市守護霊　もう、さすがになあ、八十九では、君ねえ……。

小林　誰も、そんなことは訊いていません。

村山富市守護霊　君、君が大好きなハニートラップはなあ、さすがに、中国のほうも、「もう意欲が湧《わ》かん」って言うとるわ。

小林　（苦笑）

村山富市守護霊　「無駄《むだ》でしょう」って。

綾織　ハニーではないトラップにはかかっていますので。

村山富市守護霊　ああ？　わしには効かんのじゃ。

「日本の金日成《きんにっせい》」と中国におだてられていた村山元首相

小林　客観的な意見を申し上げておきますが、先ほど、綾織が言った、「中国の軍事パレードのときに、向こうの雛壇《ひなだん》、および、それに準ずるところに日本人が立てる」ということは、かなり異様といいますか、異常事態ではあるんですよ。

村山富市守護霊　でも、うれしかったよ。軍事パレードを見てやるのは、いい気持ちだったなあ。

小林　あなたが個人的に、子供のように喜び、「いい気持ちだ」と言って、ワアワアはしゃぐのは構いません。ただ、日本人として、あの雛壇に出るのは、かなり異様なケースなのです。「そういう意図を相手が持っている」ということを、よくよく認識された上で、今後の言動を慎《つつし》んでいただければと思います。

村山富市守護霊　まあ、「日本の金日成《きんにっせい》」って扱《あつか》いだったんだろうなあ。

小林　そういう扱いを受けて、おだてられて、それにホイホイと乗ったわけでしょう?

村山富市守護霊　「日本の金日成」なんだ。

小林　知性を持って客観的に見たとき、「日本の金日成ですね」と言われることの、周りからの見え方については、よく認識しておいてください。

村山富市守護霊　中国は、きっと、福島瑞穂《ふくしまみずほ》さんを韓国《かんこく》の大統領みたいにしたいだろうなあ。

小林　そうでしょうね。その一言は、よく流布《るふ》しておきます。

村山富市守護霊　うーん。

「村山談話」制作過程の流布《るふ》を頑《かたく》なに拒《こば》む

小林　いずれにせよ、短時間ではありましたが、今回、お呼びして、「『村山談話』とは、しょせん、この程度のものだったのか」という、つくられた経緯《けいい》がよく分かりました。

村山富市守護霊　いや、でも、「社会党政権奪回記念《だっかい》」っていうか、戦後、朝日新聞を中心とした左翼《さよく》の論陣《ろんじん》が、「社会党政権をつくりたい」っていうことで、ずーっと運動していたことが、やっと報《むく》いられた。その集大成が、私の総理（就任）なんだ。

小林　集大成なんですね。

村山富市守護霊　それが、私の総理なんだ。

小林　ただ、「村山談話」は、実は、本人が読みもせず、漢字の読み方までレクチャーされるようなレベルでつくられた談話だったわけですね。

要するに、「朝日新聞のほうで、中国政府の意向を受けて書かれた原稿《げんこう》が、『村山談話』になっただけなのだ」ということです。

村山富市守護霊　そら、君、そういうことを書いちゃいけない。証拠《しょうこ》がないのに、そういうことを書いたら、「従軍慰安婦《じゅうぐんいあんふ》」と同じことになるからさあ。それは駄目だよ。

小林　あなたのその発言とは、いくらでも戦えますよ。その発言は、「信教の自由」に対する侵害《しんがい》ですから、われわれは、断固として戦います。そこは大丈夫《だいじょうぶ》ですから、ご心配なく。

村山富市守護霊　朝日新聞はねえ、断固として、それを否定するから。そんなことはありえない。

小林　別に、断固として否定しようが、私たちは、それによって……。

村山富市守護霊　それは、「(朝日新聞に) 動機がある」というだけだ。「動機があるからやっただろう」って言われてるようなもんだよ。

小林　だから、その動機の正当性を問うことによって、われわれの「言論の自由」を確保しますので、別に、そのことについて、あなたにご心配いただく必要はありません。

村山富市守護霊　「社会党政権で日本がよくなる」と思ってた連中がバカなんだから、

しょうがないじゃないか。

小林　いずれにしても、これで、「村山談話」の制作過程が、とてもよく分かりました。

かつての社会党政権発足《ほっそく》は〝偉大《いだい》な〟文明実験

村山富市守護霊　わしは、嫌々《いやいや》ながら総理にされて、まあ、運がよすぎる男だった。

小林　ええ。嫌々ながらされたんでしょう?

村山富市守護霊　君らは、なりたくてもなりたくても、なれないだろう?　わしは、強運の男なんだなあ。本当なんだよな。人徳がありすぎたんだと思うなあ、人徳が。

小林　先ほどもおっしゃっていましたが、本当は、総理大臣など、されたくなかったんですよね。

村山富市守護霊　うーん。人徳があるんだよなあ。本当は天皇家に生まれてもよかったぐらいなんだろうと思うんだ。そうしたら、努力しなくてもええんだろう。なあ。だけども、当選したんだからしかたない。ちゃーんと選挙では……。

綾織　人が好《い》いのは分かりますが、行為《こうい》の責任はあります。政治家としての結果責任はあるので、それは言っておきたいと思います。

村山富市守護霊　まあ、文明実験として〝偉大《いだい》〟だったんじゃないの？　朝日系の左翼の言論に乗って社会党政権ができた。ソ連は崩壊《ほうかい》したけど、日本では、社会党が、「これは大変な危機です」って言って、やってみたら、〝大成功〟を収めたわけだ。

小林　文明実験をして、またしても、日本を旧ソ連のように崩壊させるわけにはいきません。

村山富市守護霊　中国は、慌《あわ》てて資本主義側にハンドルを切った。だから、中国は成功した。

小林　資本主義のふりをしているだけですが。

村山富市守護霊　うーん。

小林　いずれにしても、独裁政権であることに変わりはありません。

村山富市守護霊　まあ、いずれにしてもだねえ、わし以降、まだ二十年も国がもっておるんだから、大したもんじゃないかあ。

小林　（苦笑）

村山富市守護霊　あれで滅《ほろ》びとっても、おかしくないんだから。

綾織　非常に危険な状態です。

「建国の父」「村山革命」という中国政府のおだてに乗る

小林　でも、ありがとうございました。

「『村山談話』は、別に、拘泥《こうでい》したり、金科玉条《きんかぎょくじょう》のごとく守ったりしなければいけないようなものではない、その程度の制作過程だった」ということは、本当によく分かりました。そういった意味で、今日は、非常にありがたかったと思います。

村山富市守護霊　いや、わしは、本当は、老荘《ろうそう》思想みたいなのが好きじゃ。「老子《ろうし》の生まれ変わりかもしらん」と思うときが、ときどきあるなあ。

小林　要するに、もともとは、政治にかかわりたくないような魂《たましい》だったんですよね？

村山富市守護霊　そうそうそう。「何にもしなくても政治が回ってる」っていうのがいちばんええな。

綾織　そうですね。もう今後は、一切《いっさい》、政治家をやめてください。頼《たの》みます。

村山富市守護霊　いや、いや、引退はしてるけどさあ。

小林　だから、政治的発言も慎んでいただいたほうがいいと思います。

村山富市守護霊　人徳があるから、みんなが放してくれないのよ。

綾織　そのように、政治的に利用されることもやめてください。

小林　本当に、「地獄《じごく》への道」になりますよ。それは申し上げておきたいと思います。

村山富市守護霊　大丈夫だから。ハニートラップは大丈夫だから。わしは、もう、そんなものには全然かからんから。わしがかかるのは、そら、もう、せいぜい食べ物の一部ぐらいやからさあ。

綾織　いずれ、何年かしたら召《め》されると思いますので、そのときには、今日の、いろいろと話をさせていただいたことを覚えておいていただいて……。

村山富市守護霊　「日本建国の父になるかもしれない」と言われてるんだよ。

小林　中国政府から言われたのですね？

村山富市守護霊　だから、日本が社会主義国家になったときには、「建国の父」になるかも。

小林　「日本人民共和国」、または、「日本自治区」の「父」ですか。

村山富市守護霊　うん。そうそうそうそう。

綾織　それは、「建国」ではなく、「傾国《けいこく》」ですよ。「傾国」。傾《かたむ》く国です。

村山富市守護霊　初めての社会党の本格的政権ができたんだ。

小林　ああ、本当に、そうやっておだてられていたのですね。

村山富市守護霊　そうよ。

小林　あ、そうですか。

村山富市守護霊　そうよ。だから、「新しい『建国の父』になる。『毛沢東《もうたくとう》革命』に続く、『村山富市革命』が日本に上陸した」と。

小林　そうですか。北京《ペキン》に行き、そう言われて喜んでいたのですね？

村山富市守護霊　ああ、そうそう。「村山革命」。

小林　これで喜んでいるようでは、元首相として、少し罪が重いかもしれません。

村山富市守護霊　「村山革命」って、かっこええじゃないかあ。

小林　それで、いまだに、「かっこいい」と喜んでいるのですか。申し訳ありませんが、たとえ好々爺《こうこうや》だとしても、この罪は、少し重いかもしれないですね。

村山富市守護霊　「村山革命」だよ。実に。

小林　「村山革命」ですか（笑）。では、もっと罪が重くなるのではないですか。

村山富市守護霊　自分たちの党を滅ぼしてまで、日本を救おうとしたんだから、これは、すごい革命だよ。なあ？

小林　よく分かりました。

村山富市守護霊　党がなくなったんだから。この国を救うために、党を捨てたんです。

綾織　救っていません。

村山元首相は「将の将たる器《うつわ》」？

小林　「村山談話」の真相が、すごくよく分かりました。それに感謝申し上げて、本日のセッションを終わらせていただきたいと思います。本当にありがとうございました。感謝いたします。

村山富市守護霊　何だかよく分からんけどなあ、君らはそれで取材になったのかね？

綾織　ええ。ありがとうございます。

小林　ありがとうございます。本当に素晴らしい取材になりました。

村山富市守護霊　いや、わしの本当にいちばんいいところを、何にも引き出すことができないで終わったんじゃないのか。

綾織　いやいや。今日は、いちばんいいところを聴《き》かせていただきました。

村山富市守護霊　わしのいちばんいいところは、人を使うのがうまいところじゃ。だから、自分で何の労を執《と》ることなく、こういう「村山談話」っていうのが出来上がってくるんだよ。

綾織　うーん。それは、使われているんです。

村山富市守護霊　人を使うのは実にうまいよ。なあ?

小林　利用されているんですけれどもね。

村山富市守護霊　だから、「将の将たる器《うつわ》」って、周りの人たちはみんなほめてたよ。

小林　（苦笑）

村山富市守護霊　「先生は、もう『将の将たる器』で、自分でやるような人ではないんです」って。

綾織　そう言われていたんですね？

小林　「そういう器だ」と、おだてておだてて、あなたを使い回していたわけでしょう？

村山富市守護霊　「韓信《かんしん》みたいに戦う人ではなくて、その上に乗って、韓信を使う劉《りゅう》邦《ほう》のほうなんです」って、そう言われてましたねえ。

小林　それは、〝猿《さる》回しの猿〟になっていただけですけどね。

いずれにしても、今日の取材の目的は、ほぼ達しましたので、そのことに関しては、たいへん感謝申し上げたいと思います。

村山富市守護霊　やっぱり、「日本の総理」っていうのは大器《たいき》だってことが分かっただろう？　「あとになるほど、〝偉大さ〟が分かってくる」っていうことだ。ああ？

小林　（笑）はい、はい。ありがとうございました。

「日本の金日成《きんにっせい》」として安倍《あべ》首相に伝えたいこと

村山富市守護霊　私は「日本の金日成《きんにっせい》」だからね。

小林　あ、今度は金日成ですか。

村山富市守護霊　ええ。だから、よく覚えとくんだよ。

小林　おそらく、これ以上発言されると、どんどん墓穴《ぼけつ》を掘《ほ》っていくことになるので、そろそろ、このあたりでやめられたほうがよろしいかと思います。

村山富市守護霊　まあ、年齢《ねんれい》的には、そんなもんだろう。しょうがないよ。

小林　ええ。やめられたほうがよろしいかと思います。

村山富市守護霊　「日本の新しい父」になるんだからね。

小林　この言葉は、三千年遺《のこ》りますので、そろそろやめられたほうがいいと思います。

綾織　ありがとうございます。

小林　本当にありがとうございました。

村山富市守護霊　まあ、安倍《あべ》君に、殺人鬼《さつじんき》にならんように、ちょっと注意しといてくれるか。

小林　ええ。安倍さんには、「この程度のものだぞ。よく考えて、こだわるのではない」ということを、よく申し上げておきます。

村山富市守護霊　ああ。殺人鬼はいかん。やっぱり、「殺人鬼はいかん。中国に行って、閲兵《えっぺい》するのは気分がええぞ」と言っといてくれや。

綾織　はい。村山さんの気持ちは伝えます。

村山富市守護霊　ああ、うん、うん。はい。

小林　ありがとうございました。

4　安倍《あべ》総理は「自分の判断」に忠実に！

大川隆法　やはり、日本の政治は、もうひとつ信用できません。これは、もう、どうなっているのでしょうか。訳が分かりません。

責任を取らない者が操縦しているのでしょう。「空気の支配」という言い方もありますが、責任を取らない者が操縦する政治ですね。「表に出ている者は顔だけで、裏で何かをやっている」ということです。誰《だれ》が動かしているのか、本当に分からない政治なのですね。

綾織　「マスコミが直接的にかかわっている」ということも、よく分かりました。

大川隆法　でも、社会党政権をつくるのは、朝日の悲願だったのかもしれませんね。

小林　そうですね。

大川隆法　それがよいことだと、ずっと言っていたのでしょう?

小林　ええ。

大川隆法　それで実際にやってみせ、民主党政権で、もう一回やってみせたわけです。二回やって、二回とも敗退しました。しかし、懲《こ》りていません。大したものです。あちらも、〝常勝思考〟ですね。

小林　(笑)

大川隆法　すごいですね。なかなか大したものです。私たちも、見習わないといけませんね。

小林　〝常勝思考〟というよりも、「神経が切れている思考」かもしれませんが。

大川隆法　（笑）いずれにしても、「日本の権力構造はよく分からない」ということです。本当の権力者が誰なのか、よく分かりません。「顔」だけを、うまく使い分けるのでしょう。

もう、安倍《あべ》さんは、何も気にしないで、自分の思うことを述べたらよろしいのではないでしょうか。新聞社などに、あまり気を遣《つか》わないほうがよろしいのではないでしょうか。これは、きっと、責任を取ってくれないと思いますよ。

だから、自分の判断に忠実にしたほうがよいと思いますね。

やりたいことがあったら、テレビを消して、新聞を読まなかったらよいのです（笑）。そうしたら分かりませんから。つくられた世論《せろん》の場合も多いですからね。

とりあえず、今回は、「参院選の次の問題になる」と思うものを調べてみました。

何らかの参考になれば幸いです。

あとがき

本書が出る頃には、自民党の安倍首相が総理を続投することが決まっていることだろう。残念なのは、昨年の衆院選の大勝以来、「歴史認識」を変更する「安倍談話」を出す、あるいは、「菅《すが》官房長官談話」を出すと言われていたのに、野党、マスコミ、中国・韓国の圧力に屈して、「『河野談話』『村山談話』を踏襲《とうしゅう》する」と言ってしまったことだ。この両談話を斬《き》らない限り、憲法九条の改正や「国防軍の創設」は難しかろう。「河野談話」「村山談話」は、日本を転落させた歴史認識であり、日本の二十年の低迷の元凶《げんきょう》でもある。

ここに応援のための一冊を出版するので、ぜひ「安倍談話」を出し、日本を国難から救ってほしい。日本の政治家が国民に植え込んだ「自虐史観《じぎゃく》」は、日本の政治家が取り除くしかない。安倍首相よ、勇気を出せ。今こそ、日本の誇《ほこ》りを取り戻すべき時だ。

二〇一三年　七月十八日

幸福《こうふく》の科学《かがく》グループ創始者兼総裁《そうししゃけんそうさい》　大川隆法《おおかわりゅうほう》

［資料］

河野談話

村山談話

慰安婦関係調査結果発表に関する河野内閣官房長官談話

平成五年八月四日

いわゆる従軍慰安婦問題については、政府は、一昨年十二月より、調査を進めて来たが、今般その結果がまとまったので発表することとした。

今次調査の結果、長期に、かつ広範な地域にわたって慰安所が設置され、数多くの慰安婦が存在したことが認められた。慰安所は、当時の軍当局の要請により設営されたものであり、慰安所の設置、管理及び慰安婦の移送については、旧日本軍が直接あるいは間接にこれに関与した。慰安婦の募集については、軍の要請を受けた業者が主としてこれに当たったが、その場合も、甘言、強圧による等、本人たちの意思に反して集められた事例が数多くあり、更に、官憲等が直接これに加担したこともあったことが明らかになった。また、慰安所における生活は、強制的な状況の下での痛ましいものであった。

なお、戦地に移送された慰安婦の出身地については、日本を別とすれば、朝鮮半島が大きな比重を占めていたが、当時の朝鮮半島は我が国の統治下にあり、その募集、移送、管理等も、甘言、強圧による等、総じて本人たちの意思に反して行われた。

いずれにしても、本件は、当時の軍の関与の下に、多数の女性の名誉と尊厳を深く傷つけた問題である。政府は、この機会に、改めて、その出身地のいかんを問わず、いわゆる従軍慰安婦として数多の苦痛を経験され、心身にわたり癒しがたい傷を負われたすべての方々に対し心からお詫びと反省の気持ちを申し上げる。また、そのような気持ちを我が国としてどのように表すかということについては、有識者のご意見なども徴しつつ、今後とも真剣に検討すべきものと考える。

われわれはこのような歴史の真実を回避することなく、むしろこれを歴史の教訓として直視していきたい。われわれは、歴史研究、歴史教育を通じて、このような問題を永く記憶にとどめ、同じ過ちを決して繰り返さないという固い決意を改めて表明する。

なお、本問題については、本邦において訴訟が提起されており、また、国際的にも関心が寄せられており、政府としても、今後とも、民間の研究を含め、十分に関心を払って参りたい。

「戦後五十周年の終戦記念日にあたって」（いわゆる村山談話）

平成七年八月十五日

先の大戦が終わりを告げてから、五十年の歳月が流れました。今、あらためて、あの戦争によって犠牲となられた内外の多くの人々に思いを馳せるとき、万感胸に迫るものがあります。

敗戦後、日本は、あの焼け野原から、幾多の困難を乗りこえて、今日の平和と繁栄を築いてまいりました。このことは私たちの誇りであり、そのために注がれた国民の皆様一人一人の英知とたゆみない努力に、私は心から敬意の念を表わすものであります。ここに至るまで、米国をはじめ、世界の国々から寄せられた支援と協力に対し、あらためて深甚な謝意を表明いたします。また、アジア太平洋近隣諸国、米国、さらには欧州諸国との間に今日のような友好関係を築き上げるに至ったことを、心から喜びたいと思います。

平和で豊かな日本となった今日、私たちはややもすればこの平和の尊さ、有難さを忘れがちになります。私たちは過去のあやまちを二度と繰り返すことのないよう、戦争の悲惨さを若い世代に語り伝えていかなければなりません。とくに近隣諸国の人々と手を携えて、アジア太平洋地域ひいては世界の平和を確かなものとしていくためには、なによりも、これらの諸国との間に深い理解と信頼にもとづいた関係を培っていくことが不可欠と考えます。政府は、この考えにもとづき、特に近現代における日本と近隣アジア諸国との関係にかかわる歴史研究を支援し、各国との交流の飛躍的な拡大をはかるために、この二つを柱とした平和友好交流事業を展開しております。また、現在取り組んでいる戦後処理問題についても、わが国とこれらの国々との信頼関係を一層強化するため、私は、ひき続き誠実に対応してまいります。

いま、戦後五十周年の節目に当たり、われわれが銘記すべきことは、来し方を訪ねて歴史の教訓に学び、未来を望んで、人類社会の平和と繁栄への道を誤らないことであります。

わが国は、遠くない過去の一時期、国策を誤り、戦争への道を歩んで国民を存亡の危機に陥れ、植民地支配と侵略によって、多くの国々、とりわけアジア諸国の人々に対して多大の損害と苦痛を与えました。私は、未来に誤ち無からしめんとするが故に、疑うべくもないこの歴史の事実を謙虚に受け止め、ここにあらためて痛切な反省の意を表し、心からのお詫びの気持ちを表明いたします。また、この歴史がもたらした内外すべての犠牲者に深い哀悼の念を捧げます。

敗戦の日から五十周年を迎えた今日、わが国は、深い反省に立ち、独善的なナショナリズムを排し、責任ある国際社会の一員として国際協調を促進し、それを通じて、平和の理念と民主主義とを押し広めていかなければなりません。同時に、わが国は、唯一の被爆国としての体験を踏まえて、核兵器の究極の廃絶を目指し、核不拡散体制の強化など、国際的な軍縮を積極的に推進していくことが肝要であります。これこそ、過去に対するつぐないとなり、犠牲となられた方々の御霊を鎮めるゆえんとなると、私は信じております。

「杖るは信に如くは莫し」と申します。この記念すべき時に当たり、信義を施政の根幹とすることを内外に表明し、私の誓いの言葉といたします。

［資料］

〈大川談話——私案——〉（安倍総理参考）

〈大川談話――私案――〉（安倍総理参考）

わが国は、かつて「河野談話」（一九九三年）「村山談話」（一九九五年）を日本国政府の見解として発表したが、これは歴史的事実として証拠のない風評を公式見解としたものである。その結果、先の大東亜戦争で亡くなられた約三百万人の英霊とその遺族に対し、由々しき罪悪感と戦後に生きたわが国、国民に対して、いわれなき自虐史観を押しつけ、この国の歴史認識を大きく誤らせたことを、政府としてここに公式に反省する。

先の大東亜戦争は、欧米列強から、アジアの植民地を解放し、白人優位の人種差別政策を打ち砕くとともに、わが国の正当な自衛権の行使としてなされたものである。政府として今一歩力及ばず、原爆を使用したアメリカ合衆国に敗れはしたものの、アジアの同胞を解放するための聖戦として、日本の神々の熱き思いの一部を実現せしものと考える。

日本は今後、いかなる国であれ、不当な侵略主義により、他国を侵略・植民地化させないための平和と正義の守護神となることをここに誓う。国防軍を創設して、ひとり自国の平和のみならず、世界の恒久平和のために尽くすことを希望する。なお、本談話により、先の「河野談話」「村山談話」は、遡《さかのぼ》って無効であることを宣言する。

平成二十五年　八月十五日

『「河野談話」「村山談話」を斬る！』大川隆法著作関連書籍

『そして誰もいなくなった
　──公開霊言 社民党 福島瑞穂党首へのレクイエム──』（幸福の科学出版刊）
『共産主義批判の常識
　──日本共産党 志位委員長守護霊に直撃インタビュー──』（同右）
『「中日新聞」偏向報道の霊的原因を探る
　──小出宣昭社長のスピリチュアル診断──』（同右）
『従軍慰安婦問題と南京大虐殺は本当か？』（同右）
『金正日守護霊の霊言』（同右）
『北朝鮮の未来透視に挑戦する』（同右）
『マルクス・毛沢東のスピリチュアル・メッセージ』（同右）
『神に誓って「従軍慰安婦」は実在したか』（幸福実現党刊）

『公開霊言　東條英機、「大東亜戦争の真実」を語る』（同右）
『新生日本の指針』（幸福の科学出版刊）
『死んでから困らない生き方』（同右）

「河野談話《こうのだんわ》」「村山談話《むらやまだんわ》」を斬《き》る！
――日本を転落させた歴史認識――

2013年7月26日　初版第1刷

著　者　　大《おお》　川《かわ》　隆《りゅう》　法《ほう》

発行所　　幸福の科学出版株式会社

〒107-0052 東京都港区赤坂2丁目10番14号
TEL(03)5573-7700
http://www.irhpress.co.jp/

印刷・製本　株式会社 堀内印刷所

落丁・乱丁本はおとりかえいたします

ISBN978-4-86395-367-3 C0030

大川隆法 霊言シリーズ・正しい歴史認識を求めて

神に誓って「従軍慰安婦」は実在したか

いまこそ、「歴史認識」というウソの連鎖を断つ! 元従軍慰安婦を名乗る2人の守護霊インタビューを刊行! 慰安婦問題に隠された驚くべき陰謀とは!?

【幸福実現党刊】

1,400円

本多勝一の守護霊インタビュー
朝日の「良心」か、それとも「独善」か

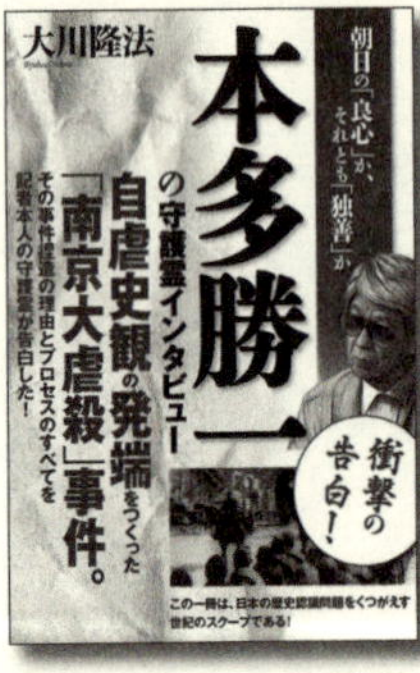

「南京事件」は創作!「従軍慰安婦」は演出! 歪められた歴史認識の問題の真相に迫る。自虐史観の発端をつくった本人(守護霊)が赤裸々に告白!

【幸福実現党刊】

1,400円

従軍慰安婦問題と南京大虐殺は本当か?
左翼の源流 vs. E.ケイシー・リーディング

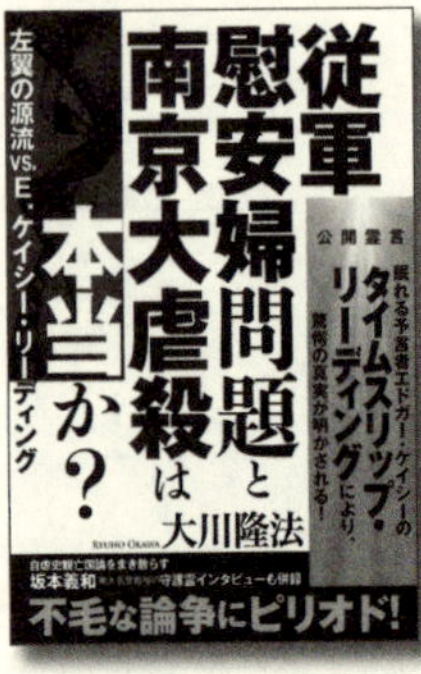

「従軍慰安婦問題」も「南京事件」も中国や韓国の捏造だった! 日本の自虐史観や反日主義の論拠が崩れる、驚愕の史実が明かされる。

1,400円

※表示価格は本体価格(税別)です。

大川隆法 霊言シリーズ・左翼思想を検証する

共産主義批判の常識

日本共産党 志位委員長守護霊に直撃インタビュー

暴力革命の肯定と一党独裁、天皇制廃止、自衛隊は共産党軍へ——。共産党トップが考える、驚愕の「平等社会」とは。共産主義思想を徹底検証する。

1,400円

「中日新聞」偏向報道の霊的原因を探る

小出宣昭社長のスピリチュアル診断

すべての言論は、中国に白旗をあげるため? 中日新聞の偏った報道には何が隠されているのか。守護霊インタビューで明らかになる衝撃の真相!

1,400円

そして誰もいなくなった

公開霊言
社民党 福島瑞《みず》穂《ほ》党首へのレクイエム

増税、社会保障、拉致問題、従軍慰安婦、原発、国防——。守護霊インタビューで明らかになる「国家解体論者」の恐るべき真意。

1,400円

※表示価格は本体価格(税別)です。

大川隆法霊言シリーズ・歴代総理の霊言

「首相公邸の幽霊」の正体

東條英機・近衛文麿・廣田弘毅、日本を叱る！

その正体は、日本を憂う先の大戦時の歴代総理だった！ 日本の行く末を案じる彼らの悲痛な声が語られる。安倍総理の守護霊インタビューも収録。

1,400円

大平正芳の大復活

クリスチャン総理の緊急メッセージ

ポピュリズム化した安倍政権と自民党を一喝！ 時代のターニング・ポイントにある現代日本へ、戦後の大物政治家が天上界から珠玉のメッセージ。

【幸福実現党刊】

1,400円

中曽根康弘元総理・最後のご奉公

日本かくあるべし

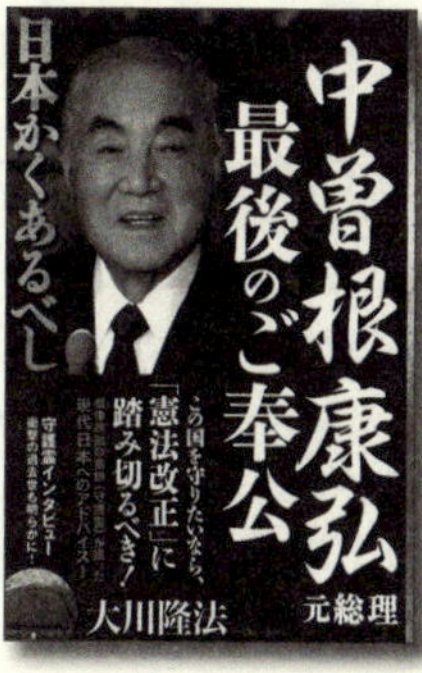

「自主憲法制定」を党是としながら、選挙が近づくと弱腰になる自民党。「自民党最高顧問」の目に映る、安倍政権の限界と、日本のあるべき姿とは。

【幸福実現党刊】

1,400円

大川隆法 霊言シリーズ・マスコミの本音を直撃

池上彰の政界万華鏡

幸福実現党の生き筋とは

どうなる参院選？ どうする日本政治？
憲法改正、原発稼働、アベノミクス、
消費税増税……。人気ジャーナリス
トの守護霊が、わかりやすく解説する。

1,400円

ニュースキャスター
膳場貴子の
スピリチュアル政治対話

守護霊インタビュー

この国の未来を拓くために、何が
必要なのか？ 才色兼備の人気キャ
スター守護霊と幸福実現党メン
バーが、本音で語りあう。
【幸福実現党刊】

1,400円

筑紫哲也の大回心

天国からの緊急メッセージ

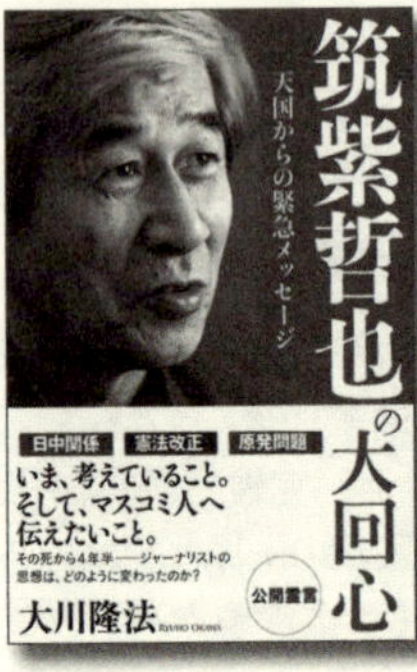

筑紫哲也氏は、死後、あの世で大
回心を遂げていた!? TBSで活躍し
た人気キャスターが、いま、マスコ
ミ人の良心にかけて訴える。
【幸福実現党刊】

1,400円

※表示価格は本体価格（税別）です。

大川隆法 霊言シリーズ・中国の今後を占う

中国と習近平に未来はあるか
反日デモの謎を解く

「反日デモ」も、「反原発・沖縄基地問題」も中国が仕組んだ日本占領への布石だった。緊迫する日中関係の未来を習近平氏守護霊に問う。
【幸福実現党刊】

1,400円

周恩来の予言
新中華帝国の隠れたる神

北朝鮮のミサイル問題の背後には、中国の思惑があった！ 現代中国を霊界から指導する周恩来が語った、戦慄の世界覇権戦略とは⁉

1,400円

小室直樹の大予言
2015年 中華帝国の崩壊

世界征服か？ 内部崩壊か？ 孤高の国際政治学者・小室直樹が、習近平氏の国家戦略と中国の矛盾を分析。日本に国防の秘策を授ける。

1,400円

幸福の科学出版

大川隆法 ベストセラーズ・最新刊

大川隆法の守護霊霊言

ユートピア実現への挑戦

あの世の存在証明による霊性革命、
正論と神仏の正義による政治革命。
幸福の科学グループ創始者兼総裁
の本心が、ついに明かされる。

1,400円

政治革命家・大川隆法

幸福実現党の父

未来が見える。嘘をつかない。タブー
に挑戦する――。政治の問題を鋭く
指摘し、具体的な打開策を唱える幸福
実現党の魅力が分かる万人必読の書。

1,400円

素顔の大川隆法

素朴な疑問からドキッとするテーマま
で、女性編集長3人の質問に気さくに
答えた、101分公開ロングインタビュー。
大注目の宗教家が、その本音を明かす。

1,300円

※表示価格は本体価格（税別）です。

大川隆法 ベストセラーズ・希望の未来を切り拓く

未来の法

新たなる地球世紀へ

暗い世相に負けるな! 悲観的な自己像に縛られるな! 心に眠る無限のパワーに目覚めよ! 人類の未来を拓く鍵は、一人ひとりの心のなかにある。

2,000円

Power to the Future

未来に力を

英語説法集
日本語訳付き

予断を許さない日本の国防危機。混迷を極める世界情勢の行方——。ワールド・ティーチャーが英語で語った、この国と世界の進むべき道とは。

1,400円

日本の誇りを取り戻す

国師・大川隆法　街頭演説集 2012

2012年、国論を変えた国師の獅子吼。外交危機、エネルギー問題、経済政策……。すべての打開策を示してきた街頭演説が、ついにDVDブック化!
【幸福実現党刊】

街頭演説
DVD付

2,000円

幸福の科学出版

幸福の科学グループのご案内

宗教、教育、政治、出版などの活動を通じて、地球的ユートピアの実現を目指しています。

宗教法人　幸福の科学

一九八六年に立宗。一九九一年に宗教法人格を取得。信仰の対象は、地球系霊団の最高大霊、主エル・カンターレ。世界百カ国以上の国々に信者を持ち、全人類救済という尊い使命のもと、信者は、「愛」と「悟り」と「ユートピア建設」の教えの実践、伝道に励んでいます。

（二〇一三年七月現在）

愛

幸福の科学の「愛」とは、与える愛です。これは、仏教の慈悲《じひ》や布施《ふせ》の精神と同じことです。信者は、仏法真理をお伝えすることを通して、多くの方に幸福な人生を送っていただくための活動に励んでいます。

悟り

「悟り」とは、自らが仏の子であることを知るということです。教学《きょうがく》や精神統一によって心を磨き、智慧《ちえ》を得て悩みを解決すると共に、天使・菩薩《ぼさつ》の境地を目指し、より多くの人を救える力を身につけていきます。

ユートピア建設

私たち人間は、地上に理想世界を建設するという尊い使命を持って生まれてきています。社会の悪を押しとどめ、善を推し進めるために、信者はさまざまな活動に積極的に参加しています。

国内外の世界で貧困や災害、心の病で苦しんでいる人々に対しては、現地メンバーや支援団体と連携して、物心両面にわたり、あらゆる手段で手を差し伸べています。

年間約３万人の自殺者を減らすため、全国各地で街頭キャンペーンを展開しています。

公式サイト　www.withyou-hs.net

ヘレン・ケラーを理想として活動する、ハンディキャップを持つ方とボランティアの会です。視聴覚障害者、肢体不自由な方々に仏法真理を学んでいただくための、さまざまなサポートをしています。

公式サイト　www.helen-hs.net

INFORMATION

お近くの精舎・支部・拠点など、お問い合わせは、こちらまで！

幸福の科学サービスセンター

TEL. 03-5793-1727（受付時間 火〜金：10〜20時／土・日：10〜18時）

宗教法人 幸福の科学 公式サイト **happy-science.jp**

教育

学校法人 幸福の科学学園

学校法人 幸福の科学学園は、幸福の科学の教育理念のもとにつくられた教育機関です。人間にとって最も大切な宗教教育の導入を通じて精神性を高めながら、ユートピア建設に貢献する人材輩出を目指しています。

幸福の科学学園

中学校・高等学校（那須本校）
2010年4月開校・栃木県那須郡（男女共学・全寮制）
TEL **0287-75-7777**
公式サイト **happy-science.ac.jp**

関西中学校・高等学校（関西校）
2013年4月開校・滋賀県大津市（男女共学・寮及び通学）
TEL **077-573-7774**
公式サイト **kansai.happy-science.ac.jp**

幸福の科学大学（仮称・設置認可申請予定）
2015年開学予定
TEL **03-6277-7248**（幸福の科学 大学準備室）
公式サイト **university.happy-science.jp**

仏法真理塾「サクセスNo.1」

小・中・高校生が、信仰教育を基礎にしながら、「勉強も『心の修行』」と考えて学んでいます。
TEL **03-5750-0747**（東京本校）

不登校児支援スクール「ネバー・マインド」

心の面からのアプローチを重視して、不登校の子供たちを支援しています。
また、障害児支援の「**ユー・アー・エンゼル！**」運動も行っています。
TEL **03-5750-1741**

エンゼルプランV

幼少時からの心の教育を大切にして、信仰をベースにした幼児教育を行っています。
TEL **03-5750-0757**

NPO
活動支援

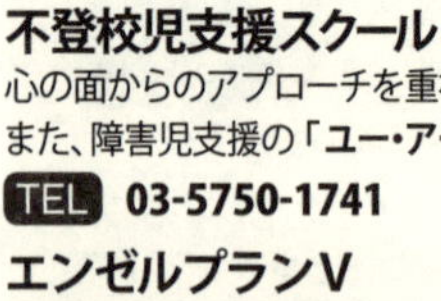

学校からのいじめ追放を目指し、さまざまな社会提言をしています。また、各地でのシンポジウムや学校への啓発ポスター掲示等に取り組むNPO「いじめから子供を守ろう！ネットワーク」を支援しています。

公式サイト **mamoro.org**
相談窓口 **TEL.03-5719-2170**
ブログ **mamoro.blog86.fc2.com**

政治

幸福実現党

内《ない》憂《ゆう》外《がい》患《かん》の国難に立ち向かうべく、二〇〇九年五月に幸福実現党を立党しました。創立者である大川隆法党総裁の精神的指導のもと、宗教だけでは解決できない問題に取り組み、幸福を具体化するための力になっています。

党員の機関紙
「幸福実現NEWS」

TEL 03-6441-0754
公式サイト hr-party.jp

出版メディア事業

幸福の科学出版

大川隆法総裁の仏法真理の書を中心に、ビジネス、自己啓発、小説など、さまざまなジャンルの書籍・雑誌を出版しています。他にも、映画事業、文学・学術発展のための振興事業、テレビ・ラジオ番組の提供など、幸福の科学文化を広げる事業を行っています。

TEL 03-5573-7700
公式サイト irhpress.co.jp

入会のご案内

あなたも、幸福の科学に集い、
ほんとうの幸福を
見つけてみませんか？

幸福の科学では、大川隆法総裁が説く仏法真理をもとに、
「どうすれば幸福になれるのか、また、
他の人を幸福にできるのか」を学び、実践しています。

入会

大川隆法総裁の教えを信じ、学ぼうとする方なら、どなたでも入会できます。入会された方には、『入会版「正心法語」』が授与されます。（入会の奉納は1,000円目安です）

ネットでも**入会**できます。詳しくは、下記URLへ。
happy-science.jp/joinus

三帰《さんき》誓願《せいがん》

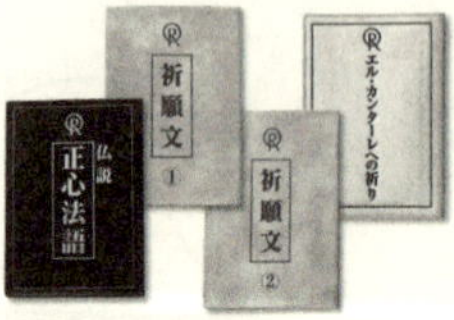

仏弟子としてさらに信仰を深めたい方は、仏・法・僧の三宝への帰依を誓う「三帰誓願式」を受けることができます。三帰誓願者には、『仏説・正心法語』『祈願文①』『祈願文②』『エル・カンターレへの祈り』が授与されます。

植福《しょくふく》の会

植福は、ユートピア建設のために、自分の富を差し出す尊い布施の行為です。布施の機会として、毎月1口1,000円からお申込みいただける、「植福の会」がございます。

「植福の会」に参加された方のうちご希望の方には、幸福の科学の小冊子（毎月1回）をお送りいたします。
詳しくは、下記の電話番号までお問い合わせください。

月刊「幸福の科学」

ザ・伝道

ヤング・ブッダ

ヘルメス・エンゼルズ

INFORMATION	幸福の科学サービスセンター TEL. 03-5793-1727（受付時間 火～金:10～20時／土・日:10～18時） 宗教法人 幸福の科学 公式サイト happy-science.jp